1,000,000 Books

are available to read at

www.ForgottenBooks.com

Read online
Download PDF
Purchase in print

ISBN 978-0-243-97484-9
PIBN 10723933

This book is a reproduction of an important historical work. Forgotten Books uses
state-of-the-art technology to digitally reconstruct the work, preserving the original format
whilst repairing imperfections present in the aged copy. In rare cases, an imperfection in
the original, such as a blemish or missing page, may be replicated in our edition. We do,
however, repair the vast majority of imperfections successfully; any imperfections that
remain are intentionally left to preserve the state of such historical works.

Forgotten Books is a registered trademark of FB &c Ltd.
Copyright © 2018 FB &c Ltd.
FB &c Ltd, Dalton House, 60 Windsor Avenue, London, SW19 2RR.
Company number 08720141. Registered in England and Wales.

For support please visit www.forgottenbooks.com

1 MONTH OF
FREE
READING

at

www.ForgottenBooks.com

By purchasing this book you are eligible for one month membership to ForgottenBooks.com, giving you unlimited access to our entire collection of over 1,000,000 titles via our web site and mobile apps.

To claim your free month visit:
www.forgottenbooks.com/free723933

* Offer is valid for 45 days from date of purchase. Terms and conditions apply.

English
Français
Deutsche
Italiano
Español
Português

www.forgottenbooks.com

Mythology Photography **Fiction**
Fishing Christianity **Art** Cooking
Essays Buddhism Freemasonry
Medicine **Biology** Music **Ancient**
Egypt Evolution Carpentry Physics
Dance Geology **Mathematics** Fitness
Shakespeare **Folklore** Yoga Marketing
Confidence Immortality Biographies
Poetry **Psychology** Witchcraft
Electronics Chemistry History **Law**
Accounting **Philosophy** Anthropology
Alchemy Drama Quantum Mechanics
Atheism Sexual Health **Ancient History**
Entrepreneurship Languages Sport
Paleontology Needlework Islam
Metaphysics Investment Archaeology
Parenting Statistics Criminology
Motivational

LA BATAILLE DU JUTLAND

VUE DU "DERFFLINGER"

COLLECTION DE MÉMOIRES, ÉTUDES ET DOCUMENTS
POUR SERVIR A
L'HISTOIRE DE LA GUERRE MONDIALE

GEORG von HASE

CAPITAINE DE CORVETTE

LA BATAILLE DU JUTLAND

VUE DU "DERFFLINGER"

SOUVENIRS ANGLO-ALLEMANDS D'UN OFFICIER DE MARINE ALLEMAND

TRADUIT DE L'ALLEMAND PAR

EDMOND DELAGE

ANCIEN ÉLÈVE DE L'ÉCOLE NORMALE SUPÉRIEURE
PROFESSEUR A L'ÉCOLE NAVALE, CHEF DU SERVICE
DE DOCUMENTATION ÉTRANGÈRE A LA SECTION
HISTORIQUE DE L'ÉTAT-MAJOR DE LA MARINE

ANNOTÉ PAR

LE SERVICE HISTORIQUE DE L'ÉTAT-MAJOR DE LA MARINE

Avec 22 photographies et 2 croquis hors texte

PAYOT & Cᴵᴱ, PARIS

106, BOULEVARD SAINT-GERMAIN

1922

Tous droits réservés.

D
582
J2H3

790352

Seule traduction française autorisée.
Tous droits réservés pour tous pays.
Copyright 1920, by K. F. KOEHLÉR,
Verlag, Leipzig.

AVERTISSEMENT

Ce livre[1] écrit par le capitaine de corvette Georg von Hase, directeur de tir du « Derfflinger », offre un intérêt vraiment exceptionnel, et nous devons exprimer notre vive gratitude à M. E. Delage pour l'excellente traduction qu'il nous présente de cet ouvrage.

Destiné à l'édification de la jeunesse allemande, ce livre n'intéressera pas seulement les professionnels, mais aussi tous les jeunes gens qui, dans notre pays, se sentent attirés vers les choses de la mer.

L'ouvrage comprend deux parties d'inégale importance. La première est consacrée au récit d'une visite de la 2e escadre anglaise à Kiel, au mois de juin 1914.

Nous connaissons la cordialité facile qui caractérise ces réunions. Von Hase a un faible pour les Anglais. Il se le reproche, mais ne réussit pas à s'en défendre. Et cette prédilection résulte d'une curieuse découverte ethnique dont la révélation lui vient d'une réunion internationale, à bord du croiseur « Breslau », dans quelque obscure rade albanaise.

Mais la partie capitale du livre est consacrée à l'artillerie du « Derfflinger » et au rôle de ce croiseur dans la bataille du Jutland. Ce qui donne une valeur particulière au témoignage de von Hase, c'est son exceptionnelle précision. Frappé par la difficulté, si souvent constatée, de reconstituer exactement les phases d'une action de guerre, Hase avait organisé dans les divers postes de commandement de l'artillerie un service d'enregistrement et de contrôle qui semble avoir admirablement fonctionné..

---

1. Die zwei weissen Völker ! (The two white nations). Deutsch-englische Erinnerungen eines deutschen Seeoffiziers von GEORG VON HASE, Korvettenkapitán A. D.

Son récit, très précis et vivant, des diverses phases de la bataille offre un intérêt passionnant. Von Hase est certainement un virtuose de la direction du tir, un canonnier très épris de son métier dans lequel il a acquis une rare expérience. Quel officier de tir lira sans émotion le récit du premier réglage du « Derfflinger », quand l'aspirant Stachow oublie de faire un des bonds ordonnés, et la description émouvante des explosions successives de la « Queen Mary » et de « l'Invincible ». Bien que le matériel de direction de tir employé par le Derfflinger soit déjà périmé, les remarques de Hase sur l'importance de l'éclairage, les difficultés de l'observation des points de chute, le trouble apporté par les évolutions, conservent tout leur intérêt pour l'avenir. Enfin, le récit de Hase éclaire bien des circonstances de cette mémorable rencontre. Il nous montre en quel état se trouvaient les croiseurs de bataille allemands au moment décisif de la bataille, et quelle occasion de victoire échappa à la flotte anglaise, quand elle s'éloigna des Allemands, sous la menace de quelques torpilleurs.

Von Hase, qui est sincère, n'essaie pas de dissimuler l'indicible sentiment de soulagement qu'il éprouva le lendemain quand il sentit le « Derfflinger » en sécurité derrière les champs de mines d'Héligoland. Bien qu'il ait, à la différence de beaucoup de ses compatriotes, le goût et le sens de la mesure, il ne peut résister au plaisir de hausser le ton et de prendre des poses avantageuses, mais reconnaissons qu'il le fait sans excès de jactance et s'efforce de rendre un hommage impartial à la valeur de l'adversaire.

Telle est l'œuvre que nous avons accompagnée, d'après les intentions et au nom du Service historique de l'état-major de la marine, de quelques annotations destinées à mettre en lumière, au point de vue technique, les enseignements les plus intéressants qui résultent de ce récit de la bataille du Jutland.

E. RICHARD.
Capitaine de corvette.

LA BATAILLE DU JUTLAND

CHAPITRE PREMIER

PREMIÈRES RENCONTRES
AVEC DES FORCES NAVALES ANGLAISES

C'est le 15 décembre 1914 que j'assistai pour la première fois à la rencontre de forces navales allemandes et anglaises. Nos croiseurs de bataille bombardèrent ce jour-là le port fortifié anglais de Scarborough. Moi-même, embarqué à bord d'un bâtiment de ligne, je dus me contenter de contempler, à l'aube, le combat victorieux du « Hamburg » contre un torpilleur anglais. A peu près au même moment, une rencontre avait lieu avec nos amis de la semaine de Kiel, rencontre du plus haut intérêt, mais qui, pour des motifs faciles à comprendre, n'a pas encore été révélée à la publicité. Nos petits croiseurs avaient été détachés auprès de nos croiseurs de bataille pour participer au bombardement. Mais la mer était si forte et le temps si mauvais sur la côte anglaise, qu'il fut impossible d'employer militairement ces petits bâtiments. Aussi, le chef des croiseurs de bataille, le vice-amiral Hipper, se résolut à les renvoyer au gros de la flotte de haute-mer. Cet ordre comportait d'ailleurs dans son exécution le grand danger de voir les petits croiseurs se heurter sur leur route à des forces supérieures. En

effet, à peu près à mi-chemin du retour, ils tombèrent
sur une escadre de petits croiseurs anglais, probablement commandés par le commodore Goodenough. Le
temps était si bouché que les bâtiments se trouvèrent
tout à coup très rapprochés. Le conducteur d'escadre
anglais fit avec son projecteur un signal de reconnaissance au morse, composé de 2 syllabes. Le bateau
conducteur allemand le vit et y répondit par deux
autres syllabes quelconques. Mais finalement les Anglais
reconnurent à qui ils avaient affaire et ouvrirent le feu,
auquel les croiseurs allemands répliquèrent immédiatement. Mais la tempête déchaînée le rendit pratiquement inefficace. A la faveur d'un grain les deux
escadres se perdirent de vue. Aussitôt après, nos six
petits croiseurs se heurtèrent aux huit dreadnoughts
de la deuxième escadre de ligne commandée par le
vice-amiral sir George Warrender. Avec une grande
présence d'esprit, le chef des petits croiseurs allemands
fit émettre le signal de reconnaissance qu'il venait de
déchiffrer chez les Anglais. L'escadre anglaise se laissa
tromper, et crut avoir devant elle ses propres petits
croiseurs. Ce fut le salut de nos navires, car quelques
salves des 34,5 du « King George V » eussent suffi
pour les anéantir. Les deux escadres ne restèrent en
vue l'une de l'autre que peu de temps et furent bientôt
masquées par des rafales de pluie. Nos petits croiseurs
rallièrent nos bâtiments de ligne, heureux d'avoir
échappé à un si grand danger. Je m'imagine la tête
qu'ont dû faire l'amiral Warrender et son aide de
camp Buxton quand ils ont appris par la suite quels
bâtiments ils avaient eus devant leurs canons. Peu de
temps après, sir George Warrender fut relevé de son

commandement d'escadre et affecté à un poste à terre, sans doute pour avoir laissé échapper la seule occasion de succès que le sort lui eût offerte. J'ai lu en 1916 dans un radio du service de renseignements anglais qu'il était mort comme préfet maritime d'une station.

Le second bombardement de la côte anglaise par les croiseurs de bataille allemands eut lieu le 25 avril 1916. Cette fois, comme officier commandant l'artillerie du « Derfflinger », notre croiseur de bataille, le plus grand et le mieux armé, j'avais pour mission de faire pleuvoir un ouragan d'acier sur le port de Lowestoft et Great-Yarmouth.

A Lowestoft, deux petits croiseurs anglais et environ 20 destroyers sortirent du port dès le début du bombardement, et engagèrent aussitôt après un court combat avec nous. Mais celui-ci, dans lequel il nous eût été facile d'anéantir une grande partie des forces ennemies, s'interrompit au bout de quelques minutes car nos petits croiseurs de sécurité, qui avaient pris position dans le Sud, nous signalèrent l'approche de forces ennemies supérieures. Aussi nous n'eûmes guère de véritable satisfaction à ce combat, bien que nous y incendiâmes un petit croiseur en quelques minutes et coulâmes un ou deux torpilleurs. Du reste, le renseignement du petit croiseur se révéla par la suite inexact. Au moment où nous prenions déjà le large, nous fûmes attaqués par un avion côtier, mais nos pièces anti-aériennes l'arrosèrent si bien qu'il nous lâcha. L'officier qui le montait, grièvement blessé, n'eut que le temps de regagner la côte, d'après ce que je lus par la suite dans un journal anglais. En dépit du peu de portée militaire de notre succès sur les forces légères anglaises,

cette attaque contre la côte anglaise constituait
cependant un raid fort encourageant. Je n'oublierai
jamais le moment où les falaises d'Angleterre surgirent
devant nous dans les premières lueurs de l'aube ; nous
pûmes identifier les détails de Lowestoft et Great-
Yarmouth, et enfin envoyer les salves puissantes de nos
grosses pièces sur les installations de ces ports.
Gorch Fock a décrit dans son livre [1], où il a publié le
Journal du « Wiesbaden », cette expédition des 24 et
25 avril 1916 contre l'Angleterre. Il y a pris part à bord
du « Wiesbaden », bâtiment sur lequel il a été tué à la
bataille du Jutland. Voici quelques phrases magnifiques
capables d'évoquer l'impression profonde produite par
ce raid sur l'esprit du poète.

« Nous appareillons à midi, et en un instant tout le bâtiment
sait qu'il s'agit d'une attaque contre l'Angleterre ; c'est une
grande heure solennelle qui peut avoir sonné. De toutes parts,
activité et mouvement : c'est une force mondiale qui s'élance dans
une lutte à la vie et à la mort — une grande flotte ! — Nous ne
sommes que les rabatteurs, les grands destroyers ne sont que les
chiens des puissants chasseurs, un « Lutzow », un « Seylidz »,
un « Derfflinger ». Gare à toi, John Bull, gare à toi ! Le courroux allemand, le courroux brûlant et joyeux d'un Siegfried
déchaîné contre la félonie des Saxons se précipite sur toi...

Comme le bâtiment tremble ! aussi loin que le regard porte,
rien que les bâtiments allemands, chasseurs et chiens en course,
acharnés et courroucés. Toujours plus bleue est la mer, plus haute
la crête des vagues, plus blanche l'écume de l'étrave, plus bouil-
lonnant le sillon creusé par la quille !....

L'obscurité tombe vite ; sérieux comme la mort, nous plongeons
dans la nuit, soulevant des montagnes entières d'écume scintil-

1. *La mer du Nord*, Hambourg.

lante. Les pâles étoiles vont se lever. La mer se gonfle ; çà et là, l'éclair d'un Morse. A peine si l'on voit les torpilleurs ; seule la mousse blanche de la vague se reflète sur nous.

Le bateau est devenu une montagne vomissant la flamme. Nos voisins sont eux aussi devenus des volcans. Le géant courroucé fait rage avec des forces surhumaines ! Tous les vieux dieux se sont levés et combattent avec nous, c'est le Walhalla du Crépuscule des Dieux !

Et pas une lumière sur la mer ; puissante et primitive comme le monde, elle nous menace avec le marteau de la nuit !....

Un Zeppelin croise au-dessus de nous : une ombre passe dans les nuées nocturnes. Des étoiles sont... »

La suite de ce journal a disparu avec le poète à bord du « Wiesbaden » à la bataille du Jutland.

CHAPITRE II

L'ARTILLERIE DANS LE COMBAT EN MER

J'ai appris le jour de Lowestoft bien des choses qui m'ont été utiles à la bataille du Jutland. Quelques défauts de matériel et quelques erreurs dans son maniement me confirmèrent dans l'idée qu'une bonne conduite de tir d'artillerie n'est possible qu'avec le fonctionnement impeccable de tout les appareils d'artillerie, maniés sans une erreur. L'outil de l'officier canonnier doit être en parfait état ; c'est à cette seule condition que l'artillerie peut réaliser son maximum d'efficacité ; que tous, officiers, chefs de pièce et servants, peuvent prouver qu'ils savent se servir de tout le mécanisme compliqué, hydraulique ou électrique, de leurs tourelles, casemates, soutes à munitions, et qu'ils peuvent montrer qu'ils les ont si parfaitement entretenues que, même avec la plus grande rapidité de feu, ils restent parés à tirer, toutes pièces chargées, au signal de la cloche [1]. Mais ceci exige avant tout un contrôle quotidien souvent très pénible de toute l'installation électrique et mécanique de l'artillerie, contrôle immédiatement suivi de rapides réparations effectuées

---

1. Sonnerie électrique qui, dans chaque tourelle ou casemate, donne le signal de l'ouverture ou de la cessation du tir (*N. du S. II.*).

par le personnel. C'est à cet infatigable personnel du
« Derfflinger » que je veux ici rendre un hommage tout
particulier. A la tête des neuf maîtres armuriers et des
vingt brevetés se trouvait le premier-maître armurier
Wlodarczek. Il était connu dans tout le bateau sous le
nom du « petit sorcier », car aussitôt dit, aussitôt fait ;
c'était mon bras droit, et il m'a aidé d'une façon exem-
plaire à atteindre le but que je poursuivais : pendant
toute la bataille du Jutland, malgré l'immense activité
déployée par l'artillerie du « Derfflinger », il n'y a
pour ainsi dire pas eu une seule avarie qui ne fût imputable à l'action du feu ennemi et qui fût uniquement
causée par le fonctionnement ininterrompu et total des
installations d'artillerie. Il faut songer à ce qu'était
l'artillerie du bâtiment et tous les appareils qui en
dépendaient ; c'était une œuvre gigantesque. Sa construction avait coûté de 7 à 8 millions de marks et, au
cours de la guerre, les perfectionnements avaient encore
accru cette dépense de plusieurs centaines de milliers
de marks.

A l'avant du bâtiment se dressaient deux tourelles
géantes, garnies chacune de deux pièces à tir rapide de
$30^{cm},5$. Deux tourelles analogues se trouvaient sur le pont
arrière. Ces quatre tourelles avec leurs huit pièces constituaient l'armement principal du bâtiment. Nous les
nommions d'après les lettres de l'alphabet : « Anna »
« Bertha » « Cesar », et « Dora ». « Anna » se trouvait
la plus à l'avant, « Dora » la plus à l'arrière ; chaque
tourelle était sous les ordres d'un chef de tourelle, qui
était soit un lieutenant de vaisseau, soit un enseigne de
1re classe ; seule, « Dora », par suite du manque d'officiers, était commandée par un chef de pièce. Nos

hommes avaient donné un nom particulier à la tourelle
« Bertha » ; elle portait le nom de son chef, le lieutenant de vaisseau von Speth-Schülzburg, particulièrement aimé de ses hommes, et s'appelait couramment le
« Schülzburg ».

L'artillerie moyenne du « Derfflinger » comprenait
14 pièces à tir rapide de 15^{cm},7 de chaque bord, chacune d'elles placée dans une casemate séparée très
bien cuirassée. Comme artillerie légère, nous n'avions
plus que quatre canons anti-aériens[1] de 8^{cm},8 ; toutes
les autres pièces de 8^{cm},8 avaient été depuis longtemps
cédées à nos braves dragueurs de mines et vaisseaux
marchands de la Baltique.

Les munitions de ces pièces trouvaient place dans
une cinquantaine de soutes admirablement protégées
contre les torpilles par des cloisons longitudinales de
fort acier à nickel.

Le personnel d'artillerie dont je disposais était le
suivant : 3 lieutenants de vaisseau, 3 enseignes de
1re classe, 4 enseignes de 2e classe, 4 aspirants, 6 officiers des équipages, environ 750 sous-officiers ou
marins. L'effectif total du « Derfflinger » était de 1400
hommes. En ma qualité de premier officier canonnier,
je commandais l'ensemble de l'artillerie, mais pendant
le combat je ne conduisais que le tir de l'artillerie
principale ; l'artillerie moyenne et légère était dirigée
par deux de mes officiers auxquels je me contentais de
donner des indications tactiques générales.

Pour comprendre l'ampleur d'une bataille d'artillerie
comme celle du Jutland, il faut se rendre compte com-

---

1. Flaks (Flugzeugabwehrkanone).

LE CROISEUR DE BATAILLE ALLEMAND « *DERFFLINGER* » AU MOUILLAGE.

LES PIÉCES DE CHASSE DU "*KING GEORGE I*".

LA PLAGE ARRIÈRE DU "*DERFFLINGER*".

ment il est possible de tirer et d'atteindre le but sur un
bâtiment lancé à toute vitesse au milieu des flots
déchaînés, secoué par le tangage et le roulis, qui
exécute des évolutions, change fréquemment de vitesse
et est par conséquent continuellement ballotté de tous
côtés. On se demande comment il est possible, à des
distances de plus de vingt kilomètres, non seulement
d'atteindre par hasard les navires ennemis, mais encore
de les anéantir. N'oublions pas que l'adversaire est
emporté dans la même course insensée, que, lui aussi,
évolue et vire de bord, roule et tangue, et, comme
nous, tente, par des changements continuels de route,
de s'arracher à l'orage de projectiles qui déferle sur lui.
Je voudrais essayer de décrire ici brièvement ce qui
me semble nécessaire à la compréhension du tir en
pleine mer, et ce qu'il faut savoir pour se représenter
véritablement la bataille du Jutland. Je prendrai
comme exemple l'installation d'artillerie du « Derfflinger » sur lequel j'ai combattu, et qui est analogue
à celle de tous les bâtiments modernes de combat.
Décrivons tout d'abord les postes d'artillerie, d'où les
officiers dirigeaient le tir. Le poste avant était un poste
cuirassé qui constituait la partie arrière du blockhaus
de commandement proprement dit, d'où le commandant, secondé par l'officier des montres, ses adjoints
et l'officier signaleur, conduisait le bâtiment et dirigeait le combat. Je me tenais pendant le combat dans
ce poste avant, avec mon troisième officier canonnier
qui dirigeait l'artillerie moyenne, 1 aspirant, 2 télémétristes, 3 sous-officiers aux indicateurs de gisement
(mystérieux appareils sur lesquels je reviendrai), et 5
hommes de transmission. Au-dessous de nous et sépa-

rés seulement par une tôle perforée sur laquelle nous
nous tenions, se trouvaient six autres hommes de transmission d'ordres et, sous eux, dans ce qu'on appelait
la poire (le blockhaus avait effectivement vers le bas
la forme d'une poire), se trouvaient encore en réserve
1 sous-officier, deux hommes de transmission et un mécanicien d'artillerie.

Il n'y avait donc pas moins de 23 hommes, rien que
dans mon poste. On y était un peu à l'étroit, mais
malgré tout nous en étions très satisfaits. C'était un
excellent poste, cuirassé d'acier à nickel d'environ
350 millimètres d'épaisseur, et qui s'est admirablement
comporté pendant la bataille. Un obus de 305 millimètres de plein fouet et tiré à petite distance contre
notre poste ne parvint pas à le transpercer ; le coup
nous jeta seulement les uns sur les autres et secoua le
poste comme s'il voulait le jeter par-dessus bord. Aucun
d'entre nous ne fut blessé, sauf quelques légères con-
tusions.

Il y avait, outre ce poste avant, deux autres postes de
direction : le poste arrière, où se tenait, avec le second
officier canonnier, ma réserve et le poste de la hune
avant, communément appelé le « nid de corneilles[1] ».
Il se trouvait dans une hune du mât avant à environ
35 mètres au-dessus de la flottaison. Il consistait en
une caisse en tôle cylindrique, où se tenaient l'observateur de la grosse artillerie, qui était un enseigne de
1re classe, et l'observateur de l'artillerie moyenne, un
sous-officier, avec deux hommes de transmission.
Munis d'excellentes jumelles ; ils observaient les points

---

1. Dans la marine française « le nid de pies » (N. d. Tr.).

de chute chez l'ennemi et, par leur casque téléphonique, nous annonçaient la position des coups au but.

A côté des postes de direction, les organismes essen-
tiels de l'artillerie du bâtiment étaient les deux postes
centraux, situés à une grande profondeur dans l'intérieur de la coque. Ils se trouvaient sous le pont cuirassé, sensiblement au-dessous de la ligne de flottaison,
étaient protégés par la ceinture cuirassée et les soutes
à combustible. Autant qu'il était humainement possible de l'escompter, ils se trouvaient à l'abri de
tous les coups de l'ennemi. A ces postes parvenaient
par des téléphones de tête et des porte-voix tous les
ordres de la direction d'artillerie ; ils étaient de là
transmis par les appareils les plus variés à chacune des
pièces.

Le début d'un tir à grande distance en pleine mer
doit être précédé d'une très exacte évaluation des distances. Nous possédions à cet effet sept puissants télémètres, capables de donner d'excellents résultats
jusqu'à des distances de 20 kilomètres. Nos télémètres
avaient tous été fournis par Karl Zeiss, d'Iéna, et étaient
établis d'après le principe du stéréoscope. C'étaient
des appareils dits appareils à base [1]. A chacun de ces
appareils étaient affectés deux télémétristes. L'un prenait les mesures, l'autre lisait les distances mesurées
en hectomètres et inscrivait le chiffre à un appareil télégraphique. Cet appareil l'envoyait à un moyenneur qui
lui-même transmettait automatiquement toutes ces indications. Il était placé près de moi dans le poste
avant, et l'on pouvait ainsi, à tout instant, lire la

1. Basisgeräte (Bg.).

moyenne des distances enregistrées à tous les télémètres. Au début du combat, ces distances étaient fournies par l'officier directeur du tir à toutes les pièces.

Dès que l'officier canonnier s'est rendu compte du bâtiment sur lequel il doit diriger son tir, il oriente son périscope vers l'ennemi. Son périscope? me demanderont peut-être certains lecteurs étonnés. Parfaitement, les officiers canonniers, aussi bien que le commandant d'un grand bâtiment de combat, n'observent plus l'adversaire avec une longue vue ou une jumelle, mais ils se tiennent auprès d'un périscope tout comme un commandant de sous-marin en plongée. La partie inférieure du périscope, située dans le poste d'artillerie et dans le blockhaus, porte les oculaires, les objectifs dépassent à la surface du poste. Ceci a l'avantage que, pendant le combat, les fentes de vision très étroites du poste de commandement peuvent être complètement fermées par des obturateurs cuirassés; l'on combat pour ainsi dire visière rabattue. Au périscope de l'officier canonnier est adapté un appareil extrêmement ingénieux et essentiel pour la direction du tir, l'indicateur de gisement. Voici quel rôle étonnant il remplit : c'est grâce à lui que toutes les pièces du bâtiment, en liaison avec lui, peuvent suivre chacun des mouvements du périscope de l'officier canonnier. Différents dispositifs permettent, en outre, à toutes les pièces qui peuvent être séparées les unes des autres par 100 mètres[1] de distance, de corriger automatiquement la parallaxe et de viser toutes le même point. Et ce point est celui qui se trouve dans la direction du périscope de l'officier

---

1. C'est par exemple la distance qui sépare la tourelle la plus en avant de celle la plus près de l'arrière (*N. du S. H.*).

canonnier, à la distance mesurée par lui, et calculée
d'après les premières salves. Ce point est celui où
l'ennemi se trouve. Toutes les pièces du bâtiment
restent exactement pointées d'après les indications de
l'indicateur de gisement, sans qu'aucun des servants
n'ait même besoin de voir l'adversaire. Ceci n'est pas
moins étonnant : quelle que soit la distance à laquelle
se trouve l'ennemi, qu'il soit tout à fait à l'avant ou
tout à fait à l'arrière, que les bâtiments suivent des
routes parallèles, ou qu'ils se croisent, tant que le
périscope est dirigé sur l'adversaire, et tant qu'est
évalué avec précision l'éloignement de cet adversaire,
toutes les pièces du navire restent exactement pointées
sur la partie du navire ennemi visée par le périscope.
Ceci reste vrai même quand le bâtiment vire bord pour
bord : les canons restent dirigés sur l'ennemi pourvu
seulement que le périscope reste bien pointé[1]. Un sous-
officier y veille et a pour mission de maintenir constamment le périscope pointé sur la partie du bâtiment
ennemi que lui indique l'officier canonnier. Ce sous-
officier dispose d'un viseur spécial adapté au périscope.
Pour des motifs que l'on comprendra facilement, je ne
puis donner d'autres indications sur l'indicateur de
gisement. Ajoutons seulement que les mouvements du
périscope ne meuvent bien entendu pas immédiatement
les tourelles ; c'est un indicateur électrique situé dans
chacune d'elles, et qui enregistre les indications rela-
tives à la distance et à la correction latérale. Une
aiguille qui communique avec la tourelle est pendant

---

1. L'avantage capital qu'offre cet appareil est d'éviter, par exemple, que les
diverses tourelles d'un même bâtiment viennent à tirer sur des objectifs différents
(*N. du S. H.*).

ces divers mouvements en coïncidence constante avec l'aiguille de l'indicateur de gisement. Le chef de la tourelle suit minutieusement ses moindres mouvements, et ainsi les lourdes tourelles de la grosse artillerie suivent le périscope du poste de direction dans chacun de ses déplacements.

Nous avons vu comment on pointe les pièces sur l'ennemi. Nous savons de plus comment l'on mesure les premières distances ; il faut maintenant donner aux pièces une inclinaison correspondante à la distance. En d'autres termes, il faut employer la hausse convenable. Etant donnés les continuels changements de la distance qui, de minute en minute, se modifie de plusieurs centaines de mètres quand les deux adversaires se rapprochent ou s'éloignent l'un de l'autre avec une vitesse de train express, il ne suffit pas de faire commander la hausse par l'officier canonnier directeur du tir, et de la faire ensuite transmettre à la voix aux différentes pièces. On a imaginé l'ingénieux appareil suivant : dans le poste central d'artillerie se trouve ce qu'on appelle l'indicateur électrique de hausse. Quand cet indicateur porte la hausse ordonnée, une aiguille électrique l'indique automatiquement à chaque pièce. L'appareil de hausse de la pièce porte également une aiguille. Quand l'aiguille de la hausse est en coïncidence avec l'indicateur de hausse électrique, c'est que la pièce a été pointée à la hausse convenable. Les servants de la pièce n'ont plus besoin de savoir à combien d'hectomètres se trouve l'ennemi pour mettre la hausse juste ; la hausse juste est mise quand les deux aiguilles sont en coïncidence[1].

---

1. On évite ainsi des erreurs de lecture, le servant de la hausse n'ayant plus à faire qu'une opération mécanique très simple (N. du S. H.).

Le télégraphe indicateur de hausse comporte encore un appareil très important, dit: la montre de hausse. Admettons que l'officier d'artillerie détermine par des calculs et des évaluations, sur lesquels je reviendrai, que notre bâtiment se rapproche de celui de l'adversaire de 750 mètres par minute. Il commande: « différences de distance moins 7,5 ». L'homme affecté à la montre la règle sur une distance: moins 7,5. Il laisse la montre marcher, et la distance marquée au télégraphe transmetteur de hausse diminue de $7^{hm},5$ par minute, et, en conséquence, la hausse de toutes les pièces se modifie de $7^{hm},5$ par minute, sans qu'on ait eu besoin de donner le moindre commandement.

Voyons maintenant une pièce dans laquelle la hausse est placée comme il convient et à laquelle on a fait la correction latérale voulue. Mais, par suite du tangage du bâtiment, tantôt elle pique vers l'eau, tantôt elle se dresse vers le ciel. Naturellement la pièce doit tirer et être dans la même position que si elle se trouvait sur la terre ferme sur un affût horizontal et maçonné. Ceci étant impossible à bord, c'est à l'habileté du chef de pièce d'y suppléer. Celui-ci doit, malgré les mouvements rapides du bâtiment, maintenir continuellement sa ligne de hausse dans la direction de l'ennemi. Ceci demande naturellement des années d'exercice journalier. Et c'était véritablement étonnant de voir à quelle habileté nos chefs de pièces étaient arrivés sur ce point. Le tir par tangage constituait un des points principaux du dressage de nos équipages en haute mer. D'ingénieux appareils auxiliaires permettaient également aux chefs de pièces de s'exercer même dans

le port au mouillage au tir par tangage et roulis[1]. De
petites cibles mues devant les pièces figuraient le but ;
ce n'était plus le bâtiment et ses canons qui étaient en
mouvement, mais les buts, ce qui revenait presque au
même, car ces buts étaient mus d'après les courbes qui
correspondaient à peu près au mouvement de tangage
et de roulis du bâtiment.

Pendant dix ans, la marine allemande a fait des
expériences pour remplacer l'action du chef de pièce
par un appareil habilement combiné. En fait, ces expériences aboutirent. Un mécanisme gyroscopique compliqué, qui semble bien représenter ce que le cerveau
humain a jamais imaginé de plus ingénieux, permettait
de décharger automatiquement la pièce au moment où
le viseur passait sur la cible ennemie. Cet appareil
tenait exactement compte de la vitesse actuelle du roulis ; il déchargeait plus tôt dans un roulis rapide que
dans un long. Ceci est inévitable, car il s'écoule un
temps assez long depuis le moment de la mise de feu
jusqu'au moment où le projectile sort de la bouche de
la pièce. Mais quand on sait quelle variété règne dans
la rapidité des mouvements du bâtiment, on se rendra
compte de la difficulté du problème qu'avaient à résoudre nos techniciens.

Mais ceci est une digression et j'ai parlé d'un appareil que nous n'avions pas encore à bord à la bataille
du Jutland, et que nous n'avons reçu que par la suite.
J'ai cependant tenu à le mentionner, car il représente
en quelque sorte l'apogée de tous les perfectionnements
apportés au tir à la mer.

---

1. Dans la marine française, exercice do percuteur-marqueur (*N. d. Tr.*).

Je voudrais ajouter seulement quelques mots sur la grosse artillerie du « Derfflinger ». J'avais dit que les 8 pièces de 3o^{cm},5 se trouvaient placées dans 4 tourelles. Examinons ces tourelles d'un peu plus près. La partie supérieure, mobile, se composait de la tourelle proprement dite et de la plaque tournante sur laquelle reposaient les deux pièces de 3o^{cm},5. La tourelle était mue électriquement. A côté des pièces se trouvaient les monte-charge à munitions, qui tournaient avec elles quand on manœuvrait la tourelle. Derrière les pièces était disposé un tas de projectiles à la main, environ 6 obus de 3o5 par pièce. Nous avions deux espèces d'obus : les obus de rupture et les obus hauts-explosifs. Les premiers peints, une partie en bleu et une partie en jaune, étaient en acier à nickel de la meilleure qualité, et ne contenaient qu'une charge relativement faible d'explosif. Ils devaient, avant tout, perforer l'épaisse cuirasse des bâtiments ennemis et n'éclater qu'à l'intérieur. Par suite de la formidable force de pénétration, leur efficacité explosive ne pouvait être bien entendu que réduite. Au contraire, les obus hauts-explosifs, peints tout en jaune, avaient une paroi relativement mince et contenait une grande charge d'explosif. Incapables de perforer une forte cuirasse, il leur suffisait de toucher un but non cuirassé ou faiblement cuirassé pour avoir un effet explosif considérable.

Notre poudre était dans des douilles de laiton. Une douille de 3o^{cm},5 ressemblait à une gigantesque cartouche de chasse, avec cette différence que toute la douille était en laiton. La fabrication de ces douilles était extrêmement difficile et très coûteuse. Malgré cela nous avons employé ces douilles de laiton dans notre

marine même pour les plus grands calibres, et cette
précaution nous a pendant la guerre protégés de catastrophes comme celles qui, à la bataille du Jutland se
traduisirent par l'anéantissement de l' « Indefatigable »,
du « Queen Mary », de l' « Invincible », et de croiseurs
cuirassés plus anciens. Nous n'avions, il est vrai, pas pu
mettre pour les gros calibres toute la poudre nécessaire à un coup dans une douille de laiton. Nous devions donc, outre la cartouche dite cartouche principale,
en laiton, charger encore une gargousse accessoire,
dont la poudre était contenue dans un double sac de
soie. Ces gargousses pouvaient naturellement bien plus
facilement prendre feu que les cartouches principales.
Chez nos ennemis toute la poudre était en sacs de soie.
La poudre qui n'était pas encore près de la pièce ou
dans les monte-charge était enfermée dans des récipients résistants, en tôle zinguée ; le feu ne pouvait
avoir que peu de prise sur elle ; il semble au contraire
que le magasinage des munitions anglaises ait été très
défectueux[1]. Il n'y a eu dans la marine allemande que
deux cas de destruction totale de bâtiments par explosion unique : le « Pommern », le 1er juin 1916, au lendemain de la bataille du Jutland et, auparavant, le « Prinz
Adalbert », dans la Baltique ; les deux bâtiments avaient
été torpillés. L'accumulation de munitions, surtout de
gargousses, constituait également pour nous un grand
danger. Le règlement prescrivait que, pour éviter les
catastrophes, il n'y eût jamais sur la plaque tournante
à côté de la pièce qu'une gargousse et une douille à

---

1. C'est en effet à l'incendie des charges de poudre contenues dans les tourelles
anglaises et à sa propagation dans les soutes à poudre qu'on attribue la perte des
trois « battle-cruisers » : « Queen-Mary », « Indefatigable » et « Invincible », le
31 mai 1916, au Jutland (N. du S. II.).

la fois ; même prescription pour les étages inférieurs des tourelles.

La tourelle mobile reposait sur une barbette fixe qui, pénétrant à travers plusieurs ponts, reposait à son tour sur le pont cuirassé. L'intérieur était divisé en plusieurs étages, au nombre de cinq ; c'étaient, outre la plate-forme tournante, la chambre de chargement, la chambre relai, la chambre projectiles et la chambre à poudre ; l'armement comportait de 70 à 80 marins. Les monte-charge qui aboutissaient à la chambre-relai étaient chargés dans les chambres à projectiles et à poudre. Le but de cette chambre de relai était d'accélérer l'accès des munitions à la pièce. Nous n'avions point de monte-charge d'un seul tenant, et les nôtres étaient séparés par la chambre de relai. Ce relai en lui-même ralentissait l'expédition de chaque projectile, ou des gargousses jusqu'aux pièces, mais il y avait toujours deux projectiles ou deux gargousses en route pour chaque pièce. De plus, la chambre relai contenait toujours une petite provision de projectiles et de gargousses ; ainsi ce n'était pas la chambre à projectiles et à gargousses, mais bien la chambre relai elle-même, qui constituait le réservoir où s'alimentait la pièce. L'élément décisif pour l'envoi des munitions à la pièce était par conséquent le temps que mettaient les monte-charge supérieurs entre la chambre-relai et la pièce. Ce temps n'équivalait qu'à la moitié du temps total mis par les monte-charge depuis la chambre la plus basse jusqu'à la pièce. Nous pouvions aisément tirer avec chaque pièce toutes les 30 secondes ; par conséquent, bien que les pièces des tourelles ne fonctionnassent qu'alternativement, chaque tourelle pouvait envoyer un coup

toutes les 20 secondes[1]. Pendant la bataille du Jutland,
il m'est arrivé de faire tirer souvent pendant assez longtemps une salve de 4 coups toutes les vingt secondes,
par conséquent un coup à chaque tourelle, ce qui eût
été impossible avec l'installation de monte-charge en
usage sur les bâtiments plus anciens. La chambre
de chargement contenait, outre les installations de
transport de munitions, les pompes hydrauliques pour
les appareils de hausse, et de nombreuses machines
auxiliaires. Dans la chambre-relai se trouvaient les
tables de réglage des machines auxiliaires électriques
de la tourelle ; dans les chambres à munitions, la plupart des installations de transport de munitions mus
électriquement. Le poids approximatif d'un obus de
30^{cm},5 était de 400 kilogrammes, celui d'une douille, de
150 kilogrammes.

L'armement d'une tourelle comprenait : un lieutenant
de vaisseau ou un enseigne de 1re classe, chef de tourelle, un chef de pièce, son adjoint, et 75 sous-officiers
et matelots. Ils étaient répartis de la façon suivante :
sur la plaque tournante, pour le service de la pièce, 4
sous-officiers et 20 hommes ; en outre, quelques transmetteurs d'ordres et télémétristes. Dans la chambre de
chargement prenaient place 1 sous-officier et 12 hommes, dans la chambre relai, un maître-armurier et 3
brevetés armuriers, dans la chambre à projectiles 1
sous-officier avec environ 18 hommes, et dans les chambres à poudre, 1 sous-officier avec environ 14 hommes.
Ajoutons-y pendant le combat une réserve d'environ 12
hommes destinés à remplacer immédiatement malades

1. C'est-à-dire que chaque pièce pouvait tirer un coup toutes les 40 secondes.
(N. du S. H.).

et permissionnaires. L'effectif total de la grosse artillerie comportait par conséquent environ 360 hommes, auxquels il convient d'ajouter 25 transmetteurs d'ordres. L'armement des pièces de 15 centimètres était beaucoup plus simple. Elles étaient pointées à la main ; 15 hommes prenaient place dans chaque casemate et 4 ou 5 matelots dans chaque chambre à munitions. Ceci donnait 15 hommes par pièce, par conséquent 210 pour les 14 pièces de l'artillerie moyenne, auxquels s'ajoutaient 20 transmetteurs d'ordres.

Mais je crains d'avoir déjà trop longtemps fatigué mes lecteurs avec la description de ces installations d'artillerie : tenons-nous en là pour le moment. Quand je raconterai la lutte d'artillerie de la bataille du Jutland, je mentionnerai encore quelques appareils ingénieux, imaginés pour faciliter à l'officier canonnier la direction des pièces et, avant tout, pour lui épargner une partie du travail de calcul qu'exige la direction de l'artillerie pendant le tir en marche et pendant les fréquents changements de direction de son bâtiment et des navires ennemis.

La journée de Lowestoft et de Great-Yarmouth nous avait, comme je l'ai dit, laissé un profond sentiment de mécontentement. Après Lowestoft, surgit en moi l'ardent désir de me rencontrer un jour sur notre fier « Derfflinger » avec un croiseur de bataille anglais de même classe. Cette pensée me poursuivait jour et nuit. Je me représentais la scène comme suit : pendant l'une de nos croisières d'avant-poste ou d'éclairage, nous nous heurtions à un croiseur de bataille anglais ; le « Derfflinger » acceptait le combat, et un gigantesque duel d'artillerie s'ensuivait à une vitesse effrénée ; à

chaque salve de l'adversaire répondait une de nos salves, nous nous acharnions de plus en plus au combat
et nous luttions comme deux puissants géants, qui savent bien que l'un des deux doit rester sur place. Je
voyais dans mes rêves l'officier canonnier anglais bra-
quer son périscope sur notre bâtiment, j'entendais ses
commandements en anglais en même temps que les miens.
Je m'enivrais à l'idée de ce combat livré par les deux
gigantesques bâtiments, mon imagination évoquait les
images de cet effroyable événement. De tout temps
j'avais toujours conçu nos exercices de tir comme un
sport, et essayé autant que possible de prendre mes
officiers et mon personnel d'artillerie par l'amour-pro-
pre sportif. Bien souvent, en temps de paix, les bâtiments de chaque escadre s'étaient mesurés en d'âpres
luttes d'émulation, quand il s'agissait par exemple
d'atteindre à de grandes distances un des vieux bâtiments de ligne depuis longtemps déclassés, mouillés
par bas fond devant la baie de Kiel comme bateaux
cibles. Ou bien encore, il fallait, la nuit, tirer sur des
torpilleurs représentés par des cibles remorquées,
basses sur l'eau, et peintes en noir. Souvent une
escadre tout entière tirait à la fois sur toute une
escadre de cibles ; chaque bâtiment avait sa cible
particulière, et c'était entre les officiers canonniers la
plus grande émulation, à qui réaliserait les meilleurs
tirs. Je regrettai bien vivement de voir cet esprit sportif
se déployer un peu moins en temps de guerre. Aussi
mes rêves me représentaient une lutte sportive comme
je ne pouvais guère m'en représenter de plus gigantesque. Nous devions faire face à l'adversaire avec les
mêmes armes, et l'on verrait qui connaîtrait le mieux

son affaire, qui possédait les meilleures armes et les
nerfs les plus forts. Tel était mon désir d'une telle
rencontre que la pensée du danger mortel qui pouvait
en découler ne m'apparaissait plus que comme quelque
chose de tout à fait accessoire. Cette bataille eût été en
même temps, pour nous autres marins, le réveil de la
léthargie dans laquelle nous menacions de sombrer
par suite de l'inactivité de notre flotte et en face des
exploits de notre armée.

CHAPITRE III

LA TACTIQUE DU COMBAT NAVAL
EN HAUTE MER

Il y a quelques jours, un capitaine de l'armée active me demandait : « Est-ce que les flottes jettent l'ancre pendant un combat naval ou bien les bâtiments restent-ils en marche ? » D'autres personnes auxquelles les questions militaires sont d'ailleurs très familières m'ont souvent assuré qu'elles n'avaient pas la moindre idée de la tactique maritime. J'écris ce petit livre, non pas seulement pour mes anciens compagnons d'armes, mais, avant tout, pour les cercles les plus larges de la jeunesse allemande ; il est malheureusement probable qu'elle est élevée dans une ignorance ridicule des questions maritimes, surtout si l'on songe qu'on ne peut guère acquérir ces notions qu'en pleine mer. Aussi, je voudrais ici expliquer comment les bâtiments sont conduits au combat contre l'ennemi. Bien entendu, les flottes ne mouillent pas à une certaine distance l'une de l'autre, pour engager ensuite la lutte d'artillerie. Au contraire, il faut admettre que, pendant un combat naval, chaque navire marche constamment à la vitesse maxima qu'il peut réaliser. Il est presque impossible de comparer une bataille navale avec une des formes

LES TOURELLES DE 305 « CÉSAR » ET « DORA »

LES TOURELLES DE 305 « ANNA » ET « BERTHA »

LA HUNE AVANT OU "NID DE PIES".

TÉLÉMÈTRE A BASE.

quelconques de la guerre terrestre. Tout au plus peut-
être avec les luttes aériennes que se livrent des escadres d'avions de combat. Peut-être la guerre de l'avenir
verra-t-elle se dérouler des tableaux de batailles terrestres qui ne différeront pas trop de combats navals :
quand par exemple des masses de tanks géants lourde-
ment armés se heurteront l'une contre l'autre à la vitesse d'automobiles de course. Ils chercheront à se
tourner, à réaliser par la manœuvre la meilleure position tactique et, finalement, se livreront, à de grandes
et petites distances, pour amener la décision, une lutte
acharnée d'artillerie et de torpillage aérien.

Pour un navire, vitesse de combat équivaut à la vitesse maxima. Ceci résulte du fait que, même sur le
grand désert d'eau que constitue la haute mer, il y a
des positions tactiques avantageuses que chacun des
deux adversaires veut occuper et conserver au moment
où ils se trouvent au contact de combat et où commence
la lutte d'artillerie. Les facteurs décisifs pour la valeur
d'une position sont : la direction du vent, le soleil, l'état
de la mer et la visibilité. C'est se trouver dans une position défavorable que de voir la fumée de la poudre
de ses propres pièces rester amassée devant elles,
« collée au bâtiment » ou se diriger vers la ligne ennemie. C'est une autre position défavorable que de voir
le soleil luire derrière l'ennemi, car il aveugle les chefs
de pièces et empêche les contours des bâtiments ennemis de se détacher avec netteté sur l'horizon. C'est
encore défavorable que d'avoir à tirer dans la direction
de vagues hautes et contre la lame, qui éclabousse souvent les pièces de son écume, gêne les chefs de pièces
dans le maniement du périscope aussi bien que les ser-

vauts eux-mêmes. Enfin, les conditions de visibilité et d'éclairage peuvent avoir une influence décisive, car elles peuvent être dans les différentes directions si variées que l'on voie par exemple très distinctement l'adversaire et qu'on lui soit en même temps complètement invisible et comme caché par un manteau magique.

Outre ces avantages, en quelque sorte locaux, il y a des avantages de position purement tactiques, et qui résultent de la position des bâtiments les uns par rapport aux autres. Si par exemple un bateau se trouve par le travers d'un bâtiment ennemi, le navire qui est par le travers peut pointer sur l'ennemi toutes les pièces d'une bordée ; c'est-à-dire, dans un bâtiment moderne, toutes les grosses pièces et la moitié de l'artillerie moyenne. Au contraire, le bâtiment qui a son adversaire en face de son avant ne peut pointer sur lui qu'une ou deux de ses tourelles lourdes. L'artillerie moyenne des deux bords et la moitié de sa grosse artillerie restent hors de service. Chaque bâtiment s'efforcera donc de ne jamais se trouver dans ce qu'on appelle la « position en T » dans laquelle l'avantage reste à celui des deux adversaires qui « barre le T ». C'est ce que les Anglais appellent « Crossing the T », et ce que nous exprimons en allemand par « tirer le trait au-dessus du T ». Ceci peut arriver exactement de même à des escadres et à des flottes entières : elles peuvent se trouver dans cette position en T. Le but des bâtiments les plus rapides a toujours été de se placer par l'avant de la pointe ennemie, de façon à la prendre d'enfilade, c'est-à-dire à la maîtriser de ses feux par l'avant ou tout au moins à l'obliger à changer de route. Plus la pointe d'une flotte

se trouve ainsi refoulée, plus cette flotte se trouve progressivement contrainte à prendre une position circu-
laire, plus ce cercle se rétrécit, jusqu'au moment où
elle se trouve dans ce que nous appelons la chaudière
à saucisses (Wurstkessel). Naturellement ceci ne peut
arriver qu'à une flotte sensiblement inférieure en vitesse
ou surprise dans son changement de route par l'apparition soudaine de nouvelles formations ennemies. Ce
fut pour nous le cas à la bataille du Jutland : notre flotte
finit par foncer juste au milieu de la flotte ennemie qui
nous entourait ; elle eût été exposée au feu meurtrier
de toutes les unités adverses et eût bientôt perdu toute
faculté de déplacement si... mais n'anticipons pas. At-
tendons pour vivre ce moment d'étre plongés dans le
tumulte de la bataille.

Je voudrais seulement expliquer ici quelques expres-
sions tactiques. On appelle ligne de file, une ligne de
bâtiments en marche les uns derrière les autres. Si les
bâtiments sont à côté les uns des autres, ils se trouvent
en ligne de front. S'ils marchent obliquement les uns
par rapport aux autres, ils forment une ligne de relè-
vement. Une flotte en marche est généralement en ligne
de file : l'escadre la plus forte se trouve habituellement
à l'avant, la plus faible derrière[1]. En marche, les croi-
seurs-cuirassés, le plus souvent eux aussi en ligne de
file, précèdent les escadres de bâtiments de ligne. Des
petits croiseurs forment devant les premiers une ligne
d'éclairage. La vitesse de marche n'est généralement

---

1. Cette opinion est discutable. Les extrémités d'une ligne de bataille en sont
toujours les points sensibles et il n'est pas recommandable de placer à l'arrière-garde
l'escadre la plus faible. Toutefois, celle-ci étant généralement aussi la moins rapide,
on peut être contraint de la mettre en queue de ligne pour ne pas trop réduire la
vitesse de l'ensemble (N. du S. H.).

pas supérieure à 15 ou 17 milles. Mais les chaudières de tous les bâtiments sont sous pression, et ils peuvent, dès que l'ennemi est signalé, marcher immédiatement à la vitesse maxima.

Comment se protégera une flotte en marche dans la direction de l'ennemi, dont elle connaît la position approximative par ses bâtiments d'éclairage, mais ignore le gisement exact, pour éviter le « Crossing the T » ? La règle à appliquer en ce cas est très simple : on déploie sa flotte en ligne obliquement par rapport à la direction dans laquelle on suppose le centre de l'ennemi, et par là on dispose le centre de sa propre ligne en face de celui de l'ennemi. On prend, comme on dit, l'ennemi « par le milieu ». C'est ainsi que l'on marche sur l'ennemi à toute vitesse et en formation large. Les escadres sont alors en ligne de front ou en courtes lignes de file de 4 bâtiments au plus. Dès que l'on a reconnu que l'ennemi se déploie sur la droite ou sur la gauche, on prend, avec la ligne entière, à peu près la même route que celle suivie par l'adversaire, et, précédé des rapides croiseurs de bataille, on essaie de se porter en ligne de file et à toute vitesse devant la pointe ennemie. La flotte la plus rapide aura toujours l'avantage dans ces tentatives d'enveloppement ou de doublement. Si, au cours du combat, les flottes se rapprochent à de petites distances — j'entends par là des distances inférieures à 10000 mètres —, la flotte le plus en avant possède encore l'avantage de pouvoir tirer ses torpilles avant celle qui se trouve le plus en arrière. En effet, cette dernière marche pour ainsi dire au-devant des torpilles lancées contre elle ; la première, au contraire, s'en éloigne. Aussi un bâtiment qui marche en tête, muni de torpilles de 10000 mètres de portée, peut déjà les lancer quand son adversaire est encore à une distance de 12000 mètres et plus ; au contraire le bâtiment le plus en arrière doit se trouver à 8000 mètres et moins encore pour pouvoir faire usage de ses torpilles. Mais l'emploi de la torpille n'intervient qu'aux petites distances et les Anglais ont toujours cherché à les éviter, car ils redoutaient le danger de la torpille et l'excellente force de pénétration de nos projectiles. Mais la vitesse supérieure que possédaient tous les bâtiments anglais, comparée à celle des navires allemands du même type, leur permettait malheureusement toujours de régler à leur gré la distance qui les séparait de nous[1].

Il faut, pour arriver à une position favorable par rapport à la direction du vent, à la houle et au soleil, de longues évolutions, où, une fois de plus, la flotte la plus rapide l'emporte. Aussi les Anglais ont-ils pu, grâce à leur supériorité de vitesse pendant la bataille du Jutland, améliorer progressivement la position défavorable où ils se trouvaient par rapport au vent, et en prendre une qui leur assurait également un meilleur éclairage.

Je termine ce chapitre, car je crois m'être suffisamment expliqué sur les éléments de tactique navale nécessaires à la compréhension de l'immense bataille que nous autres Allemands appelons la bataille du Skagerrak, et les Anglais *The battle of Jutland !*

1. L'idée qu'une supériorité de vitesse, qui ne peut d'ailleurs pratiquement être que faible (3 ou 4 nœuds à peine) permet à la flotte qui la possède de choisir la distance de combat est extrêmement discutable. Un chef résolu réussira toujours à se rapprocher s'il en a la ferme volonté, car l'adversaire ne pourra éviter ce rapprochement qu'en prenant chasse, exposant ainsi ses navires avariés à une destruction certaine. Von Hase n'en a pas moins raison de proclamer l'éminente valeur tactique de la vitesse trop souvent niée avant la guerre dans certaines marines (*N. du S. H.*).

CHAPITRE IV

LA VALEUR HISTORIQUE DES RÉCITS PERSONNELS DE COMBATS NAVALS

Deux méthodes sont possibles quand on entreprend le récit d'événements de guerre. La première consiste pour le narrateur à enjoliver ses impressions personnelles, souvent peu intéressantes pour un grand cercle d'auditeurs ou de lecteurs, par ce qu'il a entendu raconter de divers côtés ; il aboutit ainsi à une sorte de roman, et il lui importe moins de donner un tableau parfaitement fidèle des événements qu'il a vécus que de faire une peinture aussi complète que possible, passionnante et colorée, de la lutte tout entière. La seconde méthode consiste au contraire à ne raconter que ses propres aventures, si simples soient-elles, et au risque d'encourir le reproche d'être insignifiant et inférieur à l'imposante grandeur des événements ; au moins est-on sûr, en ce cas, de pouvoir se porter garant de l'exactitude historique des moindres détails. Je m'efforcerai d'employer cette seconde méthode dans mon récit de la bataille du Jutland. La journée de Lowestoft m'avait nettement fait comprendre qu'il n'est guère possible, même au sortir d'un combat, d'en reconstruire le développement d'après les indications orales de ceux qui y ont participé. L'usage dans la marine n'était point de tenir des feuilles de tir pendant le combat, car chaque homme ne devait y être employé que pour la lutte. Aussi me fut-il impossible, immédiatement après la rencontre de Lowestoft, d'établir irréfutablement à quelle distance et dans quelle direction exacte nous avions tiré pendant le bombardement des villes, et quand nous prîmes ensuite croiseurs et torpilleurs ennemis sous notre feu. Quand il s'était agi de savoir si ces torpilleurs s'étaient échappés vers l'Ouest ou vers l'Est, les avis différaient entièrement · pour l'établissement du rapport. Aussi, je décidai de tenir, dans les combats ultérieurs, un registre scrupuleusement exact de tous les ordres et événements relatifs à l'artillerie aussi bien que de mes propres observations. Je chargeai un sous-officier assez ancien et de toute confiance de noter dans le poste central de la grosse artillerie chacun des ordres donnés par moi. Il les percevait par son téléphone de tête, branché sur celui par lequel je communiquais avec l'officier d'observation de la hune avant et avec l'enseigne préposé à la montre dans le poste central. En outre, il notait, pour chaque salve de la grosse artillerie, avec quelle hausse (c'est-à-dire à quelle distance de l'ennemi) elle était tirée, et dans quelle direction les pièces se trouvaient pointées. La direction est indiquée à bord par degrés à partir de 0° vers l'avant. Les pièces sont par conséquent à 90° quand elles sont par le tribord travers, à 180° quand elles sont pointées juste vers l'arrière, et à 270° quand elles sont par bâbord travers. Un appareil électrique de contrôle se trouvait dans le poste central d'artillerie, et on y pouvait lire, exactement chiffrée en degrés, la position

occupée à tout instant par chaque tourelle. De plus, le
temps exactement indiqué de 10 en 10 secondes était
noté pour chaque ordre et pour chaque coup.

L'officier des montres devait, d'autre part, établir
un croquis du combat pendant la bataille, en se fondant
sur les indications les plus minutieuses que devait lui
fournir un maître-timonnier. du poste central, d'après
le compas et l'indicateur de vitesse ; ce ne pouvait donc
être qu'une tâche trés aisée de déterminer par la suite
chaque position exacte de l'adversaire : il suffisait de
reporter à l'instant que l'on souhaitait, en face de notre
propre route tracée sur le croquis, la direction et la
distance du tir. Je perfectionnais ce système de feuilles
de tir jusque dans les moindres détails après le combat
de Lowestoft pendant nos exercices de tir et d'appareil-
lage. Je fis, de même, inscrire tous les ordres et
comptes rendus qui y parvenaient ou y passaient, à
d'autres postes de combats importants, dans les tourelles et dans le poste central de l'artillerie moyenne.
Je donnai également l'ordre de garder trace de tous
les incidents notables dans le blockhaus arrière, où
se tenaient mon second officier canonnier, destiné à
me remplacer, et le 4e officier canonnier, suppléant du
3e, à leurs postes de combat. J'insistais constamment,
pendant nos exercices, sur l'importance que j'attachais
à voir prendre ces notes pendant le combat lui-même.
De fait il en fut ainsi partout où je l'avais ordonné,
pendant la bataille du Jutland, et ceci me permit de
pouvoir, aujourd'hui encore, rendre un compte exact
presque de chaque coup tiré par. notre artillerie. En
outre, il est aisé, au moyen de ces notes, de tracer un
tableau mathématiquement précis du combat ; il suffit.

pour déterminer la position du bâtiment adverse, de ne tenir compte que des salves au but ou qui ont porté dans le voisinage immédiat de l'ennemi. Ce sont ces notes, encore en ma possession, ainsi que mon Journal et les lettres à ma famille, que j'ai utilisées pour ce rapport. Malheureusement les notes prises dans les tourelles « Cesar » et « Dora » ont disparu avec elles pendant leur destruction totale[1].

Un article de la revue anglaise « The Spectator », paru le 9 juin 1916, traitait de la valeur des descriptions officielles et personnelles des combats navals, et en particulier de la bataille du Jutland. L'auteur, Bennet-Copplestone, y émet des opinions fort sensées sur la valeur de ces récits et sur leur insuffisance nécessaire, puisqu'ils sont écrits en pleine guerre, sous l'influence de la censure et des intérêts militaires. Aussi, ceux qui écrivent après la guerre doivent s'efforcer d'autant plus de ne raconter que ce dont ils peuvent garantir l'entière exactitude historique. L'auteur de l'article du « Spectator » a, selon moi, fait dès ce moment un effort sérieux pour représenter, d'après les sources anglaises et allemandes, le cours réel de la bataille. Bien entendu, il n'a pas pu complétement éviter de voir les choses avec ses yeux d'Anglais. Cependant il nous apporte des détails en partie entièrement nouveaux sur le combat, en particulier sur la tactique du chef des croiseurs de bataille anglais, l'amiral Beatty, qui, utilisant la vitesse bien supérieure de ses bâtiments, exécuta une magistrale manœuvre d'enveloppement. Je donne ci-contre une traduction de l'article du « Spectator », dont la

---

1. Ce sont les mesures ainsi prises par von Hase qui donnent à son témoignage une précision et une valeur tout à fait exceptionnelles (*N. du S. H.*).

censure allemande n'a pas permis la publication en 1916.

« SPECTATOR » *du 9 juin 1916.*

LA BATAILLE DU JUTLAND

Ce que les Allemands revendiquent.

« Le doute croît avec le savoir » (GŒTHE).

C'est une grosse faute que de passer sur les récits officiels et
personnels de combats navals écrits par les Allemands, comme
sur de pures inventions simplement imaginées dans un but de
tromperie. Quand bien même ils ne contiendraient pas un mot
de vérité, ils vaudraient la peine d'être étudiés comme l'incon-
sciente révélation de l'esprit de l'ennemi. Ces récits allemands
sont de qualités très différentes. La lettre du comte von Spee
sur la bataille du Coronel est le récit modeste et incolore d'un
gentleman honorable et vaillant. Les récits fournis par ses officiers sur les combats du Coronel et des Falklands valent ce
qu'en ont, au même moment, raconté les officiers anglais qui ont
participé à ces combats. Un bien petit nombre, parmi ces officiers ou ces marins, se contentent de voir dans un combat naval
simplement une partie des événements ; bien peu, favorisés par
leur position, en voient réellement une grande partie ; mais si
l'on entreprend de contrôler ces récits personnels, même ceux
des narrateurs le mieux placés pour l'observation, on se trouve
en face de contradictions simplement ridicules. Le coefficient
d'erreur personnelle intervient dans tous ces récits. Quant aux
récits officiels, soit anglais, soit allemands, ils sont comme le
concentré d'une masse d'observations individuelles abrégées et
rognées par la censure dans un dessein politique et militaire. Il
en résulte, du côté anglais comme du côté allemand, une défor-
mation des faits, une contradiction manifeste entre deux démon-
strations qui se fondent chacune sur des faits observés et, finalement, une thèse irréfutablement anglaise qui s'oppose à une
thèse irréfutablement allemande. Les représentations anglaises
de la bataille du Jutland émanent de gens déçus. On leur avait
fait miroiter la perspective d'anéantir la flotte de haute mer, de

saper la base sur laquelle s'élevait tout l'édifice des plans maritimes allemands. Mais ces espoirs furent trompés, grâce à la mauvaise visibilité qui régnait à l'instant critique, et à l'habileté consommée avec laquelle l'amiral allemand Scheer utilisa la brume et l'obscurité pour faire retraiter sa flotte, numériquement incomparablement plus faible, et qui se trouvait dans une position tactique défavorable. D'autre part, les récits allemands étaient des récits d'enthousiastes — de têtes montées[1] — qui s'étaient trouvés avec leur flotte exposés à une destruction totale et y avaient échappé comme par miracle. Ces narrations, aussi bien les officielles que les personnelles, débordent de ravissement. Mais quand les Allemands qualifient de victoire la bataille du Jutland, ils ne veulent pas dire par là que la flotte anglaise ait été vaincue au sens militaire du mot. Ils veulent dire qu'elle a manqué son but, qui était de détruire la flotte allemande[2]. Les Allemands se trouvaient entre les griffes du lion, mais surent s'en échapper avec habileté, avant que ses effroyables griffes se refermassent sur eux. Tel est le sens que les Allemands attachent à ce mot quand ils célèbrent la « victoire » du Jutland. Pour eux, la bataille du 31 mai 1916 a confirmé cette vérité classique que « le grand navire de combat, à savoir celui qui unit à la fois le maximum de force offensive et défensive, est le maître de la mer ». Or, le rapport de force de la flotte allemande à la flotte anglaise était, d'après eux, d'environ de 1 à 2. Ils ne prétendent nullement que la supériorité anglaise diminua sensiblement par suite des pertes essuyées au cours du combat, ou de ce que les grands bâtiments anglais, qu'ils reconnaissent plus grands, plus nombreux et plus puissamment armés que les leurs — aient cessé après le Jutland d'avoir la maîtrise de la mer. Ils prétendent seulement, à y regarder de près, que leurs bâtiments ont pu, étant données les circonstances, se dérober avec succès. Ce fut en effet le cas !

Tel est le sentiment de joie et de soulagement presque indi-

1. En français dans le texte.
2. C'est bien là en effet le jugement que l'on doit impartialement porter sur cette journée du Jutland. Il n'y eut évidemment en cette affaire ni vainqueur ni vaincu. Mais le parti qui devait normalement être écrasé réussit à éviter la défaite. Les Allemands sont donc fondés à dire que le succès fut de leur côté (*N. du S. H.*).

cible dont est pénétré tout le rapport officiel publié dans les journaux allemands du 1er au 5 juin 1916.

On le retrouve par exemple dans la description enflammée du capitaine de corvette Scheibe, embarqué pendant la bataille comme second d'un des croiseurs de bataille allemands. Sa « Bataille du Jutland » est comme une trame où s'enchaînent ses propres souvenirs et le récit officiel du Ministère de la marine allemand. J'ai contrôlé ces deux récits ligne par ligne pour y séparer les grains de vérité de l'ivraie qui s'y trouve répandue à pleines mains, pour le plus grand ravissement des citoyens du « Vaterland ». Mais, à bien des égards, ces récits sont d'une admirable précision ; toutefois on y a commis une faute manifeste, presque incompréhensible : le capitaine de corvette Scheibe, embarqué pourtant sur un croiseur de bataille, admet l'indication officielle que la « Queen Elisabeth » se trouvait dans notre cinquième escadre de combat et qu'un bâtiment type « Warspite » a été coulé. Or, nous savons qu'il n'y avait que 4 bâtiments, que la « Queen Elisabeth » elle-même n'y était pas, et qu'aucun bâtiment ne se perdit. Abstraction faite de cette erreur, les caractéristiques de nos grands bâtiments de combat données par le capitaine de corvette Scheibe et le récit officiel sont exacts, et ils ont, semble-t-il, sans difficulté, bien indiqué leur position pendant la bataille. Je n'ai, jusqu'ici, vu aucune liste anglaise des cinq croiseurs de bataille qui se trouvaient sous les ordres de Hipper, et auxquels Beatty se heurta tout d'abord, avec laquelle nos autorités fussent d'accord. En face de cette incertitude anglaise — au sujet d'une escadre qui, dès le début et alors que la visibilité n'était pas encore mauvaise, pouvait être bien observée —, les Allemands donnent avec une entière certitude le nom et le type de nos croiseurs de bataille et de nos bâtiments de ligne. Ils identifient les navires qu'ils ont vus de façon remarquable : mais leur compréhension de ce qu'ils n'ont pas vu est très défectueuse.

Les Allemands partagent la bataille en quatre phases à peu près comme nous le faisons. 1° La rencontre et le combat en marche entre les croiseurs de bataille anglais et allemands, six anglais et cinq allemands: Jusqu'à la fin de cette partie, pendant

laquelle le « Indefatigable » et la « Queen Mary » furent coulés,
il n'y a guère de divergence entre le récit allemand et le récit
anglais. La perte lamentable de l' « Indefatigable » et de la
« Queen Mary » a donné aux Allemands l'occasion d'une forfan-
terie malheureusement justifiée. Commence alors la deuxième
phase du combat : Beatty abattit vers le Nord et essaya d'envelopper la pointe de la ligne ennemie. La 5e escadre de ligne,
restée trop loin pour prendre part à la première phase de la
bataille, se tint en arrière pour occuper tous les croiseurs de
bataille et vaisseaux de ligne allemands qui étaient à portée de
tir, et pour permettre, par cette neutralisation des Allemands, à
l'escadre diminuée de Beatty d'exécuter une manœuvre extrêmement efficace. Ici, nous nous trouvons en face d'une grande contradiction entre les récits anglais et les récits allemands. Nous
savons que Beatty exécuta avec la plus grande rapidité sa dan-
gereuse tentative; il réussit à envelopper la pointe de la ligne
ennemie et, par là, prépara à Jellicoe le développement ultérieur
du combat. Les Allemands font complètement disparaître de la
scène Beatty et ses croiseurs de bataille : « ils se perdent peu
à peu dans le lointain, et, à en juger sans doute par des avaries
déjà considérables, ne participent plus au combat ».

Cette phrase, complètement insensée, apparaît aussi bien dans
le récit officiel que dans la brochure du capitaine de corvette
Scheibe[1]. Elle éclaire le désarroi mental de l'ennemi dans le
jugement qu'il porte sur les phases tactiques essentielles de la
bataille. La troisième partie est qualifiée par les Allemands de
« combat avec la force principale anglaise entièrement rassem-
blée ». La visibilité était faible, le temps bouché gêna les deux
partis, et il est difficile de déterminer ce qui se passa effectivement. Les Allemands taisent à dessein leur virage en forme de
spirale vers le Sud — par conséquent vers leur port —, par

---

1. Elle n'est pas insensée et correspond probablement à la réalité. L'amiral Beatty,
surtout après les lourdes pertes qu'il venait de subir, eut parfaitement raison de se
maintenir hors de portée pendant cette course vers le Nord, puisqu'il avait la certitude que l'ennemi allait inévitablement tomber sous le feu de la Grand Fleet. S'il
ne perdit pas de vue les Allemands alors que ceux-ci cessaient de l'apercevoir, cela
tient seulement aux conditions d'éclairage qui étaient devenues favorables aux
Anglais à mesure qu'ils débordaient par le Nord la pointe allemande (N. du S. H.).

lequel ils échappèrent à l'étreinte de la cinquième escadre de
ligne, de la grande flotte de Jellicoe et des croiseurs de bataille
de Hood et de Beatty. Mais on devine le fait entre les lignes.
Ils s'étendent longuement sur la résolution de Scheer, quand il
se trouva en face de forces bien supérieures, « d'attaquer et de
s'obstiner dans l'attaque ». Ils prétendent que les croiseurs de
bataille et les destroyers allemands attaquèrent deux fois avec
succès pour protéger le repli des bâtiments de ligne et que la
flotte anglaise avait disparu quand ils se portèrent pour la troisième fois à l'attaque. « On n'a pu préciser où elle s'est enfuie
pour éviter le troisième choc. »

Nous savons bien que Scheer tira avec une maîtrise réelle le
gros de sa flotte des griffes de Jellicoe qui l'enserraient. Nous
savons qu'il tint à distance Jellicoe par des attaques de torpilleurs extrêmement vaillantes et géniales qui nous empêchèrent
d'approcher les bâtiments de ligne allemands, sinon à portée de
la vue. C'est dans ce sens limité que « Scheer attaqua » — il
livra un combat de retraite victorieux — mais ce fut une retraite,
couverte par des croiseurs de bataille et des destroyers contre
les forces supérieures [1] ; ce n'est pas tout à fait la même chose
qu'une « bataille avec le gros des forces anglaises complètement
rassemblées ».

Comment les deux flottes adverses, protégées par leurs écrans
de croiseurs légers et de destroyers, perdirent-elles complètement tout contact après les escarmouches de la nuit — on ne
peut pas employer ici le mot de bataille — comment se trouvè-
rent-elles à l'aube entièrement hors de vue l'une de l'autre, il
m'est impossible de l'expliquer [2]. Ni les récits anglais, ni les
récits allemands, ne nous fournissent ici le moindre point
d'appui. On peut admettre que les Allemands se mirent, à la
faveur de la nuit, sous la protection de leurs champs de mines,

---

1. Parfaitement. Von Scheer fit de la défensive-offensive et manœuvra avec beaucoup de vigueur et de décision pour se décrocher et empêcher l'adversaire de lui
imposer une bataille décisive avant la nuit (*N. du S. II.*).

2. C'est en effet entièrement inexplicable et ce fait restera un sujet d'étonnement
pour tous ceux qui étudieront la bataille du Jutland, à moins d'admettre que lord
Jellicoe ne voulut pas sérieusement livrer une deuxième bataille, au contact immédiat des champs de mines et peut-être des sous-marins allemands (*N. du S. H.*).

mais leur version est toute différente : « Lorsque l'aurore de la journée historique du 1ᵉʳ juin se leva à l'Est dans le ciel, tous s'attendaient à ce que le soleil levant éclairât la flotte anglaise en marche vers une nouvelle bataille. Ces espoirs furent déçus. Toute la ligne d'horizon était vide aussi loin que portait le regard. » Sans commettre d'injustice, on peut bien considérer comme stupides « ces espoirs déçus ». Une flotte de combat, qui déclare elle-même être de moitié inférieure à son adversaire, ne salue pas comme le bienvenu le renouvellement d'une bataille à l'aube d'un long jour d'été. En réalité, ce fut une grande chance pour les Allemands de voir à l'aurore la mer vide.

Il m'importe peu de m'attarder à l'évaluation des pertes qu'Anglais et Allemands se sont mutuellement infligées. Nos propres pertes ont été indiquées officiellement. Les Allemands ont publié une liste des leurs, et, quelle que soit la conviction que les Allemands aient diminué les leurs, je ne vois point de motif décisif pour leur en imputer d'autres. Les données que l'on a sur les destructions causées chez l'ennemi pendant le chaos d'une bataille navale sont extrêmement incertaines. Des bâtiments avariés sortent de la ligne qui poursuit son mouvement à une folle vitesse, on les tient souvent pour coulés alors que, seulement éclopés, ils cherchent à atteindre un havre sûr. Nous ne saurons probablement jamais le mal que nous avons fait à la flotte allemande à la bataille du Jutland.

Signé : BENNET-COPPLESTONE.

Cet article du « Spectator » nous donne une bonne idée des difficultés que nous avons à bien comprendre après coup une bataille navale. Pour pouvoir décrire avec une justesse parfaite la bataille du Jutland, il faudrait ouvrir à l'historien toutes les sources d'informations officielles et personnelles des deux partis. Mais les Anglais n'auront pas intérêt à révéler sans fard à la postérité les détails d'une bataille si peu glorieuse pour eux. Quant à nous, après notre écroulemen imaritime, et gouvernés par des pacifistes, entreprendrons-nous jamais cette tâche? Je l'espère! En attendant, efforçons-nous, comme combattants, de transmettre à nos descendants un tableau fidèle de ce duel des « deux peuples blancs ». où se mesurèrent, peuple contre peuple, deux nations maritimes.

L'ARRIÈRE SUBMERGÉ DU "*DERFFLINGER*", PENDANT LA MARCHE A TOUTE VITESSE.

EN LIGNE DE FILE.

FORMATION EN ÉCHELONS.

CHAPITRE V

A BORD DU « DERFFLINGER »
PENDANT LA MARCHE VERS LE JUTLAND

Le 31 mai 1916, à 3 heures du matin, les croiseurs de bataille levaient l'ancre. C'étaient : le « Lützow » (bateau-amiral du chef des bâtiments d'éclairage, vice-amiral Hipper), le « Derfflinger », le « Seydlitz », le « Moltke » et le « von der Tann ». Nous avions passé la nuit au mouillage sur la rade de Schillig, à l'entrée de la baie de la Jade. Nous étions précédés par les petits croiseurs et quelques flottilles de torpilleurs. La nuit était belle et claire, elle fit bientôt place à un splendide matin. Un soleil resplendissant se leva, couvrit la mer de ses rayons d'or, et nous révéla bientôt le tableau si souvent admiré, mais inoubliable, de toute la flotte de haute mer dans la marche à l'ennemi. Au loin devant nous marchaient les petits croiseurs en ligne de file, entourés d'une ceinture de torpilleurs qui, tels des chiens de bergers autour de leur troupeau, circulaient, sans se lasser, autour des croiseurs, à la recherche des sous-marins ennemis.

Puis venaient les croiseurs de bataille. Cinq puissants bâtiments, aux noms altiers, l'orgueil de la flotte. Le « Lützow » et le « Derfflinger », du même type, qui

venaient d'être terminés pendant la guerre ; le « Lützow » n'avait pris rang dans la flotte que deux mois
avant la bataille. Une de ses premières sorties avait
été l'expédition contre Lowestoft. Le « Derfflinger » et
les trois autres croiseurs de bataille étaient des camarades de combat de Scarborough, du Dogger-Bank
(24 janvier 1915) et de Lowestoft. Tous les croiseurs de
bataille étaient des bâtiments éprouvés, munis d'un
corps d'officiers choisis et d'excellents équipages que
n'avait encore contaminés aucune mauvaise influence.
Nous étions, le 31 mai, 1 300 hommes sur le « Derfflinger » ; il n'y avait pas de coureurs de bordée, et seulement quelques exempts de service. Les permissionnaires
auraient dû partir la veille quand arriva l'ordre pres-
crivant l'état de préparation renforcée (verschärfte
Bereitschaft[1]) et nous les gardâmes à bord. C'est donc
par hasard qu'il ne nous manquait pas de permissionnaires, mais ce fut un grand avantage pour la perfec-
tion de la manœuvre pendant le combat.

Le commandant du « Derfflinger » était le capitaine
de vaisseau Hartog. Le second, le capitaine de corvette
Fischer (Max), l'officier des montres, le capitaine de
corvette von Jork. Les officiers canonniers placés sous
mes ordres étaient : le second officier canonnier, lieutenant de vaisseau Lamprecht, le troisième officier
canonnier, lieutenant de vaisseau Hausser, le quatrième
officier canonnier, lieutenant de vaisseau von Mellenthin ; les chefs de tourelles étaient : le lieutenant de
vaisseau baron von Speth-Schülzburg, les enseignes
de 1re classe Hankow et von Boltenstern. Les officiers

---

1. Expression sans équivalente exacte dans notre marine française (*Note du tra-
ducteur*).

observateurs étaient : l'enseigne de 1re classe von Stosch, et l'enseigne de réserve de seconde classe Schulz : l'officier de « transmission d'ordres »[1] enseigne de vaisseau Hoch, et l'officier observateur, l'enseigne de vaisseau Friedrich. Les officiers torpilleurs étaient : le lieutenant de vaisseau Kossak, les enseignes Schilling et von der Decken, l' « adjudant »[2] et officier de signalisation, l'enseigne de vaisseau Peters. L'officier de T. S. F., l'enseigne de vaisseau Thaer. Le médecin du bâtiment était le médecin principal Dr Freyer, l'ingénieur en chef, l'ingénieur de 1re classe Köhn. Tous les officiers, à l'exception du lieutenant de vaisseau, von Mellenthin, désigné pour un cours, se trouvaient à bord.

Les croiseurs de bataille étaient, eux aussi, entourés d'une foule de torpilleurs qui s'agitaient autour de nous comme un essaim de mouches. Au cours de nos nombreuses croisières à travers la mer du Nord et la Baltique, nous avions déjà essuyé maintes torpilles tirées sur nous par les sous-marins anglais, mais jusqu'ici, seul le « Moltke » avait été touché une fois. Le « Seydlitz » avait, au cours de l'expédition contre Lowestoft, heurté une mine et dû faire demi-tour, tandis que l'amiral avait transféré son pavillon sur le « Lützow ». Il s'agissait donc de bien faire attention pour parvenir cette fois tous les cinq jusqu'à la côte norvégienne, but de notre sortie.

Loin derrière nous, nous distinguions, dans le temps clair, le gros, constitué par nos bâtiments de ligne. 22 vaisseaux étaient en ligne, c'était une fière Armada.

---

1. Correspond vraisemblablement à l'officier chef du poste central dans la marine française (*N. d. T.*).

2. Correspond sensiblement à notre officier de manœuvre.

A l'avant, la troisième escadre, composée de nos bâtiments les plus modernes, précédée de son bâtiment-amiral le « König », puis le bâtiment-amiral de la flotte, le « Friedrich der Grosse », avec, à bord, le chef de la flotte, l'amiral Scheer. Ensuite venait la première escadre, avec les bâtiments de la classe « Heligoland » et « Nassau », et enfin la deuxième escadre, avec les bâtiments démodés de la classe « Deutschland », parmi lesquels je distinguais mon vieux bâtiment, le « Hessen », sur lequel j'avais dirigé tant de tirs comme officier canonnier.

Les bâtiments de ligne étaient entourés d'un grand nombre de petits croiseurs qui les flanquaient des deux côtés. Il y avait, en outre, autour des grands bâtiments, l'habituel bourdonnement des sous-marins et des torpilleurs chercheurs de mines. Nous sortîmes vers le Nord par l'ouest d'Heligoland et de Amrum-Bank. La moitié des armements des pièces était à son poste, l'autre dormait tout habillée dans les hamacs auprès des pièces ou à proximité de son poste de combat (chambres à munitions, postes centraux d'artillerie, etc...).

Je restai sur la passerelle pendant la nuit. Je n'avais pas de fonctions particulières pendant la marche. Les deuxième et troisième officiers canonniers se relayaient à la direction du poste de tir. Mon commandant était d'avis que le premier officier canonnier et le premier officier torpilleur devaient, en marche, dormir autant que possible, se reposer, conserver leur système nerveux en parfait état pour le moment où le bâtiment engagerait le combat. C'était une maxime excellente qui fut appliquée chez nous non pas seulement en théorie, mais

entièrement dans la pratique. Une sortie de ce genre
était donc pour moi un vrai voyage d'agrément. Quand
des renseignements sur l'ennemi arrivaient, qu'il sur-
venait quelque chose d'extraordinaire, ou que le temps
était particulièrement beau, je me tenais bien entendu
sur la passerelle. Mais, par ailleurs, je dormais, lisais,
ou jouais aux échecs au carré, et ne faisais une ronde
qu'à peu près toutes les deux heures à travers, toute
l'artillerie du bord. A ce moment, je m'entretenais avec
les officiers et les chefs de pièce de quart et contrôlais
si tout allait bien. J'étais généralement accompagné
par le « petit sorcier » dans tous les tours à travers le
bâtiment et nous tombions constamment sur un détail
qu'il fallait immédiatement régler. Le « petit sorcier »
réunissait aussitôt sa bande, les électriciens, les forge-
rons, les spécialistes d'appareils transmetteurs — et,
dans le minimum de temps, je recevais le compte
rendu : « transmetteur de distance de la troisième pièce
15 centimètres bâbord réparé ! » « l'avarie du monte-
charge à projectiles de la tourelle « Cesar » a disparu ! »
et ainsi de suite.....

Naturellement, je me tenais toujours sur la passerelle quand nous arrivions dans une zone où on avait
signalé peu de temps auparavant des sous-marins ou
des mines, et pendant les nuits sombres, quand il
fallait s'attendre à des attaques de torpilleurs. Mais je
pouvais m'organiser à mon gré et ces jours de marche
à l'ennemi furent généralement pour moi extrêmement
agréables.

J'avais une grande chambre, avec cabinet de toilette,
sur le pont supérieur, qui n'était pas située tout contre
le bordé, mais un peu en arrière. Aussi pouvais-je tou-

jours, sauf par gros temps, tenir mon sabord ouvert. J'avais, de ma chambre, une vue étendue sur la mer, et je remarquais aussitôt ce qui pouvait survenir de particulier.

Après avoir, le 31 mai, joui du lever du soleil — spectacle merveilleux dont je ne me lassais jamais en pleine mer, et qui, au mouillage et sur les sombres eaux de la Jade, ne parvenait pas à me tirer du lit — je m'étendis pour quelques heures encore et apparus rasé, baigné et bien reposé pour le petit déjeuner au carré. La plupart des officiers étaient obligés de renoncer au luxe d'une toilette minutieuse en mer ; il leur était impossible de parvenir à leurs chambres situées sous les ponts inférieurs, car tous les passages qui y menaient étaient, à cause du danger de mines, fermés et verrouillés. Après le petit déjeuner, je m'installai dans ma confortable chambre, écrivis un peu, et jouis du spectacle de la mer. Avant le déjeuner, je fis encore un tour à travers l'artillerie, puis on se mit à table, et on discuta naturellement le thème : « Verrons-nous l'ennemi ? » L'objectif de notre sortie était, cette fois, plus lointain que de coutume. Les croiseurs et torpilleurs devaient, dans la nuit du 31 mai au 1er juin, entreprendre dans le Skagerrak la chasse aux bâtiments de commerce ennemis et neutres. Il fallait bien admettre que notre présence dans le Skagerrak cette nuit-là serait signalée, que la flotte anglaise partirait immédiatement d'Angleterre ; on pouvait donc éventuellement compter pour le 1er juin sur une rencontre avec le gros des forces anglaises. D'ailleurs, des formations de croiseurs cuirassés et de croiseurs légers anglais étaient fréquemment annoncées dans le voisinage de la côte norvé-

gienne, et une rencontre avec ces derniers dans la nuit
du 31 au 1ᵉʳ juin paraissait vraisemblable ; elle n'était
même pas tout à fait impossible dans l'après-midi du
31 mai. Mais, que toute la flotte de haute mer anglaise
se trouvât déjà en pleine mer et mît le cap juste
sur le point vers lequel nous nous dirigions nous-
mêmes, c'est ce que personne dans la flotte allemande ne soupçonnait, pas même son chef. Et il en
était de même dans la flotte anglaise. Personne, d'après
tous les renseignements jusqu'ici publiés, n'y pressentait
que la flotte allemande était à la mer. Nous n'avons
aucun motif d'en douter, et pourtant on se demande
encore à l'intérieur : « Comment les Anglais savaient-
ils que nous étions devant le Skagerrak ? » Ou bien :
« D'où savions-nous que les Anglais voulaient pénétrer
dans la Baltique ? »

Tous ces bruits sont propos oiseux[1]. Les deux ami-
rautés ont annoncé comment la bataille du Jutland
était survenue : c'est par une rencontre fortuite des
deux flottes, lors d'une de leurs fréquentes sorties dans
la mer du Nord. Si l'on songe que la mer du Nord est
plus grande que l'Allemagne tout entière, et combien
il est facile, dans un espace aussi gigantesque, pour
deux flottes en marche, de passer l'une à côté de
l'autre sans se voir, il faut, au contraire, s'étonner du
hasard tout particulier qui conduisit la pointe de nos
navires d'éclairage juste sur la pointe de l'éclairage
anglais. La bataille du Jutland s'est développée, à son

1. On ne sait trop pourquoi en effet certains écrivains maritimes s'obstinent
encore à affirmer que la flotte anglaise prit la mer au reçu de renseignements lui
annonçant la sortie des Allemands. En réalité cette coïncidence fut simplement le
résultat d'un hasard heureux pour les Anglais et très fâcheux pour les Allemands
(N. du S. H).

début, comme un exercice de combat d'école, soigneusement préparé, où l'on voit, conformément au programme, s'engager d'abord les petits croiseurs, puis
les croiseurs de bataille, et finalement le gros.

Au repas de midi, auquel manquait la moitié des
officiers retenus à leur poste de quart, l'atmosphère fut
animée, et même enthousiaste. Presque tous comptaient
que cette fois nous arriverions à tirer, mais personne
n'envisageait autre chose qu'un engagement avec des
forces légères ou avec une escadre de vieux croiseurs
cuirassés.

Quant à l'hypothèse que toute la flotte anglaise pût
se trouver éloignée de nous à peine de quelques heures
de marche, personne n'y songeait. Un petit nombre
étaient pessimistes et pensaient que nous ferions bientôt
demi-tour, bredouilles. Le docteur portait constamment
à la mer un compas de poche qu'il avait à côté de lui à
table. En effet, comme les capots cuirassés du carré des
officiers étaient fermés, et que, par suite, on ne pouvait
pas voir la mer, il lui était impossible de remarquer
quand on changeait de route. Nous le surnommions
notre stratège d'entrepont. On consulta à table son
compas avec le plus grand zèle. Il soufflait pourtant un
vent particulier à travers le carré, comme à l'approche
de quelque événement sensationnel. Comme de coutume, pendant nos croisières à travers la mer du Nord,
personne à table ne buvait une goutte d'alcool, et pourtant nous ne comptions parmi nous aucun ennemi du
vin, de la femme et des chansons ! Mais, pendant chaque sortie de combat, nous étions comme un sportsman
pendant un match ; et à partir du moment où nous
levions l'ancre, jusqu'à l'instant du mouillage en rade,

nous pratiquions la plupart du temps l'abstinence totale.

Nous fumions nos cigares, les jeunes officiers montèrent prendre leur quart, et leurs camarades relevés
prirent leur place à table. Je rentrai dans ma chambre,
m'étendis pour la sieste sur ma couchette, suivis du
regard les anneaux bleus de la fumée et rêvai de combat et victoire. Si nous en venions pourtant cette fois
au combat d'artillerie ! Toute ma carrière m'apparaissait comme ratée et vide si je ne pouvais, au moins
une fois, éprouver en une ardente bataille de pleine
mer ce qui s'appelle combattre. Œil pour œil, dent pour
dent, il fallait bien que cela arrive. J'avais une pratique
de douze années de tir : j'avais appris le tir. C'était un
sport que je connaissais ; une fois l'objectif dans mon
périscope, et à peine la première salve avait-elle, avec
fracas, quitté la pièce, rien n'était capable de m'enlever
mon calme ; j'ignorais encore, à vrai dire, ce qui m'ar-
riverait sous la pluie serrée des obus ennemis. Mais je
n'y pensais même pas. Cela marcherait. A deux heures,
j'entendis le roulement des tambours à travers le bâtiment. De longs roulements. C'était le signal : « Net-
toyez les pièces [1]. » Tous, à l'exception des officiers,
doivent à ce moment se rendre à leur poste de combat.
Cette heure est pour l'officier canonnier la plus impor-
tante de la journée. Pendant le nettoyage des pièces,
tous les mécanismes sont mis en mouvement, nettoyés,
graissés, tous les appareils ainsi que leur ajustage exact
contrôlés. Je passai de pièce en pièce, accompagné par
le « petit sorcier ». Dans la tourelle « Bertha », un des
garants du monte-charge avait sauté. En le remettant

---

1. Sans équivalent exact dans la marine française (N. d. Tr.).

en place, on s'aperçut qu'une partie de ce garant était
fortement avariée. Je décidai de le remplacer par une
nouvelle aussière[1]. Il fallait pour cela compter environ
deux heures. C'est donc une heure entière que l'ennemi, autant que possible, devait nous faire le plaisir
de ne point venir ! Je contrôlai si l'armement des pièces
avait bien tout son équipement de combat. Le 29 mai,
l'escadre avait fini, après avoir longtemps insisté, par
recevoir de l'armée quelques milliers de masques à
gaz. Sur l'ordre du chef de la flotte, les croiseurs de
combat et les bâtiments de ligne les plus modernes en
furent pourvus. Le 30 mai on les avait rapidement
ajustés et on avait profité d'un court exercice de combat pour apprendre aux hommes à les mettre. Il s'agissait maintenant de contrôler si chacun d'entre eux avait
bien son masque à portée de la main au poste de combat. Les munitions prévues se trouvaient dans les tourelles auprès des pièces, partout en quantité restreinte
comme il était prescrit. Les pièces de l'artillerie
moyenne étaient déjà chargées, de manière à pouvoir,
au cas où un sous-marin émergerait, faire retentir sur
sa tête le fracas immédiat d'une salve.

Le second, qui règle l'horaire à bord, avait mis à ma
disposition, de trois à quatre heures, l'armement de
mes pièces, et j'avais prescrit au tableau de service :
« Manœuvre des pièces et exercice de conduite du feu. »
Je savais que cela n'était point pour ravir les officiers
et les hommes ! Mais je ne connaissais que trop bien la
responsabilité qui m'incombait. Je ne pouvais me porter
garant du fonctionnement impeccable de tout cet orga-

---

[1]. Garant et aussière sont ici des câbles en fil d'acier (N. du S. II.).

nisme compliqué que si, une fois de plus, chaque machine et chaque appareil avaient été mis en mouvement comme au combat. Le troisième officier canonnier,
chef de l'artillerie moyenne, m'accompagna dans le
blockhaus avant pour l'exercice de conduite du tir. Il
bougonnait un peu. Nous bouclâmes nos casques téléphoniques, et cela commença : « Couplez sur bâbord[1]. »
Dans les postes centraux d'artillerie, une quarantaine
de leviers effectuèrent le couplage prescrit. Sur tous les
points du bâtiment parvint l'ordre : « Couplez sur
bâbord. » Je braquai mon périscope sur l'un de nos
petits croiseurs, et j'ordonnai : « Suivez le pointage. »
Tous les autres télescopes d'artillerie et toutes les
pièces réglèrent leurs cadrans électriques, et furent
ainsi rigoureusement pointés sur le point de l'objectif
que je fis viser par mon sous-officier de direction. Je
crie : « E-U ! » Cela voulait dire en bon allemand : « Le
premier officier canonnier veut immédiatement savoir
de l'officier observateur d'artillerie à combien il estime
le calcul par minute de l'augmentation ou de la dimi-
nution de la distance au moyen de son E-U (appareil
indiquant l'Entfernungs-Unterschied, c'est-à-dire la
différence de distance), et l'officier observateur doit
annoncer quelle différence de distance par minute résulte de ses observations de télémétrie. » Rapport de
la hune avant : « Dans la hune avant manque le nouvel
appareil E-U ! » « Tonnerre de bon Dieu ! Qu'on aille
chercher la machine tout de suite au bureau de l'artillerie ; le maître artificier X viendra me parler après

---

1. Il s'agit là des réseaux de transmission du bâtiment qui peuvent être jonc-
tionnés sur bâbord ou sur tribord, selon le côté où l'on doit combattre
(*N. d. Tr.*).

l'exercice. Que la hune avant travaille en attendant
avec son vieil appareil ! » Je voudrais ici donner quelques brefs détails sur cet « E-U ». Le modèle le plus
récent avait été inventé par le capitaine de corvette
Paschen, premier officier canonnier du « Lützow ». Il
servait simultanément à déterminer la variation des
distances par minute (E-U) et la correction latérale. Je
ne veux point m'étendre sur ce point ni fatiguer le lecteur ; qu'il lui suffise de savoir que l'on corrige au
moyen d'un correcteur spécial la déviation latérale im-
primée au projectile par les divers éléments qui influent
sur lui. Ceux-ci sont : le vent, la vitesse du navire et la
rayure des pièces. Ajoutons à cela une autre correction
qui doit tenir compte de la vitesse de l'adversaire.
L'excellent appareil du capitaine de corvette Paschen
permettait, une fois la vitesse et la route de l'ennemi
estimées, de lire directement sans aucun calcul cette
correction de dérive. L'officier canonnier n'avait plus
alors qu'à tenir compte du vent. Le but principal de
l'« E-U » était la détermination de la différence de
distance par minute. Il fallait d'abord déterminer sur
cet appareil la propre vitesse du bâtiment, qui était
communiquée du blockhaus avant, à chaque changement de route, au poste d'artillerie avant. Puis on éva-
luait la vitesse et la route de l'adversaire et on la
reportait sur l'instrument. On pouvait alors lire la différence de vitesse sur l'appareil sans aucun calcul. Nous
possédions de ces appareils sur les différents points du
bâtiment, mais c'étaient de vieux modèles qui ne permettaient pas encore de lire la correction de dérive.
Dans le cas où la hune avant ne fonctionnait plus, l'officier canonnier pouvait encore se faire calculer la diffé-

rence de distance sur un autre point du bâtiment, et il importait peu que l'homme placé près de l'appareil « E-U » vît lui-même l'ennemi. Bien entendu l'officier canonnier devait pendant le combat lui crier au fur et à mesure toutes les données concernant la route et la vitesse, ce qui était très gênant pour la direction du feu. En outre, les officiers canonniers avaient à leur portée de ces appareils et contrôlaient grâce à eux pendant le combat les rapports des officiers observateurs, ou bien encore calculaient eux-mêmes la différence de distance au cas où la communication avec les officiers observateurs était rompue.

L'exercice de conduite de tir se poursuivit. « A 15 000 mètres ! salve ! » L'ordre de feu était transmis du poste central d'artillerie par le téléphone et la cloche aux tourelles de 30^{cm},5. Au moment de l'ordre : « Feu », — pendant les tirs réels au moment du départ du coup, — le personnel, assis derrière les transmetteurs d'ordres dans la hune avant et chargé des appareils indicateurs de points de chute, abat les manettes de ces appareils, dans les blockhaus et postes centraux d'artillerie. Silence impressionnant. Une fois écoulée la durée de trajet correspondant à la distance de tir, chaque appareil doit émettre un mugissement vigoureux ; ces sons ne peuvent vraiment se comparer qu'aux intonations variées des bêlements d'un troupeau de moutons. Je devais entendre simultanément dans mon casque téléphonique les sons émis par les appareils de la grosse artillerie de la hune avant, du blockhaus avant d'artillerie et du poste central ; mais je n'entendis qu'un seul appareil, celui de la hune avant. Demande : « Pourquoi le service n'a-t-il pas été assuré aux appareils in-

dicateurs de points de chute ? » Réponse : « Le service
a été assuré, mais l'appareil ne fonctionne pas ! » Nouveau travail pour le « petit sorcier ». Je commande :
« Mettre immédiatement de nouvelles piles dans toutes
les pendules indicatrices de points de chute ! » et cela
continua ainsi jusqu'à ce que j'eusse la conviction d'avoir
découvert toutes les avaries et de posséder une artil_
lerie entièrement parée pour le combat. C'est avec ce
sentiment agréable que je rentrai au carré, m'étendis
commodément dans un fauteuil de cuir, et dégustai une
tasse de bon café.

J'aurais pu tenir encore longtemps dans cette situation quand, à 4 h. 28', retentirent les cloches d'alarme
à travers le bâtiment ; les deux tambours roulèrent le
branle-bas, les sous-officiers de quart sifflèrent et
crièrent : « Aux postes de combat ! »

CHAPITRE VI

PREMIÈRE PARTIE DU COMBAT
(*de 5 h. 48' à 6 h. 55'*)

COMBAT AVEC LA « QUEEN MARY »

ATTAQUE DE TORPILLEURS ET DÉFENSE

Quand j'arrivai sur la passerelle du commandant, j'appris que le « Frankfurt »[1] avait signalé dans la direction ouest quelques forces ennemies en vue. Les croiseurs de bataille se dirigeaient déjà en ligne de file et à toute vitesse vers le point indiqué. On apercevait devant nous les petits croiseurs accompagnés de leurs torpilleurs ; ils se précipitaient au milieu de grands nuages de fumée. Notre gros n'était plus visible[2]. Nos torpilleurs d'escorte pouvaient à peine nous suivre et, gênés par la forte houle, se laissaient fortement distancer. Par ailleurs, la mer était assez plate, et il ne soufflait qu'un léger vent Nord-Ouest, force 3.

Je montai dans le blockhaus avant d'artillerie. Je dis

---

1. Petit croiseur en éclairage sur l'avant des grands croiseurs de bataille (*N. du S. H.*).

2. Le gros des forces allemandes se trouvait à ce moment à environ 50 milles marins (90 kilomètres) au Sud des croiseurs (*N. du S H.*).

bien monter, car il fallait grimper un peu, après avoir franchi la porte cuirassée, pour parvenir sur le soubassement où se trouvaient les périscopes d'artillerie. Les comptes rendus arrivaient déjà : « Artillerie moyenne parée ! » « Transmission d'ordres parée ! » « Hune AV, blockhaus d'artillerie AR, grande hune parés, etc... » Quand finalement tous les postes de combat m'eurent fait leur rapport, je fis le mien au commandant et lui annonçai : « L'artillerie est parée. » Les officiers se coiffèrent de leur casque téléphonique, la danse pouvait commencer. Je prie maintenant le lecteur de vouloir bien se plonger dans le croquis numéro 1 ci-joint.

La première indication de temps que j'y portai est 4 h. 28′. Jusqu'à ce moment-là, les croiseurs de bataille avaient fait route au Nord. A 4 h. 28′ [1], ils abattirent sur l'Ouest et conservèrent cette route jusqu'à 5 h. 22′. Puis nous fîmes route au Nord jusqu'à 5 h. 33′, au Sud jusqu'à 6 h. 53′, au Nord jusqu'à 7 h. 55′ ; nous changeâmes fréquemment de route jusqu'à 9 h. 20′, fîmes route ouest jusqu'à 9 h. 45′, et enfin surtout route au Sud jusqu'à la fin de cette journée de combat.

Le lecteur n'aura qu'à se reporter à ce croquis ; il lui sera facile d'y suivre, pendant ma description, les différentes phases du combat, la route du « Derfflinger » ; ce fut également celle de tous les autres croiseurs de bataille et des bâtiments ennemis pris sous son feu par le « Derfflinger ». Sur le chemin parcouru par le « Derfflinger », j'ai porté en pointillé la direc-

---

1. Les montres allemandes avançaient de deux heures sur celles des Anglais, les Allemands ayant adopté l'heure d'été de l'Europe centrale et les Anglais l'heure de Greenwich (*N. du S. H.*).

BATIMENT DE LIGNE PENDANT LE TIR.

COLONNES D'EAU PROVOQUÉES PAR DES COUPS DE GROSSES PIÈCES.

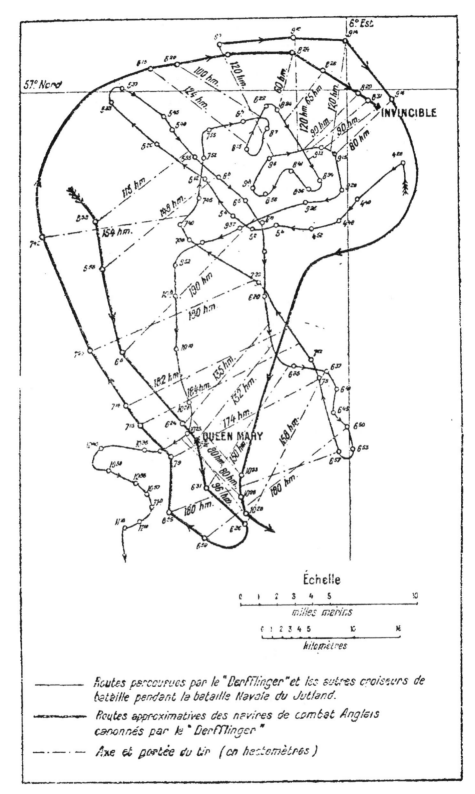

Échelle

0 1 2 3 4 5   10

milles marins

0 1 2 3 4 5   10   16

kilomètres

——————— Routes parcourues par le "Derfflinger" et les autres croiseurs de bataille pendant la bataille Navale du Jutland.

—·—·—·— Routes approximatives des navires de combat Anglais canonnés par le "Derfflinger"

—·—·—·— Axe et portée du tir (en hectomètres)

CROQUIS I DE LA BATAILLE DU JUTLAND

tion et la distance (en hectomètres) des salves qui,
d'après les feuilles de tir, mirent au but ou l'enca-
drèrent. A chacune de ces salves, la distance de tir
correspond, par conséquent, à la distance réelle[1], et
l'extrémité de la distance de tir est en même temps
la position de l'adversaire au moment où la salve
l'atteignit.

Nous avons représenté par un trait noir gras le chemin
parcouru par l'ennemi sur lequel nous tirions. Cette route
est mathématiquement exacte, puisqu'elle est jalonnée
par les coups au but de nos salves. Les autres segments
ne peuvent revendiquer la même exactitude mathé-
matique, mais diffèrent peu de la route parcourue
effectivement par les bâtiments anglais.

Nous mîmes donc au début environ pendant une
demi-heure le cap à l'Ouest, et, pendant une demi-heure
encore au Nord-Ouest.

Tous nos périscopes et toutes nos jumelles étaient
braqués vers l'ennemi. mais nos petits croiseurs nous
bouchaient la vue de leur fumée. Vers 5 heures, nous
entendîmes les premiers coups et vîmes bientôt que
l' « Elbing » était pris sous le feu de l'ennemi et ripos-
tait vigoureusement. Le matelot du poste central qui
tenait la chronologie des feuilles de tir a inscrit les
premières indications que je donnai aux pièces :
« 5 h. 5'. Nos petits croiseurs signalent 4 petits
croiseurs ennemis ! Le « Derfflinger » ne voit encore
rien ! » Puis suivent les ordres suivants : « 5 h. 3o'.
Nos petits croiseurs ont ouvert le feu. Direction : le

---

1. Non pas la distance réelle, mais la distance que les canonniers appellent
« balistique ». La différence entre ces deux distances est d'ailleurs assez faible
N. du S. H).

second petit croiseur de droite. Charger et mettre au cran de sûreté avec obus à explosif. Viser l'arête droite de l'objectif, à la ligne de flottaison ! A 18 000 mètres ! Commencer le feu par la droite ! Dérive 20° gauche ! 17 000 mètres ! »

Il commençait à faire chaud dans le blockhaus d'artillerie. J'enlevai mon manteau et le pendis dans la chambre des cartes qui se trouvait derrière le poste. Je ne l'ai plus jamais revu !

A ce moment, personne parmi nous ne croyait encore que nous avions affaire à des adversaires de même force. Le commandant me fit annoncer au blockhaus : « On a signalé des croiseurs de bataille ennemis. » Je transmis cette indication à mes hommes. On se rendit alors compte que, d'ici peu, un combat acharné, une lutte à mort allait se dérouler. Un silence remarquable régna un moment dans le blockhauss. Mais cela ne dura que quelques minutes : l'humour reprit bientôt le dessus, et tout marcha dans l'ordre et le calme le plus parfaits. Je fis pointer mes pièces dans la direction approximative de l'ennemi. J'avais mis mon périscope au plus fort grossissement (15 fois), qui convient par temps clair. Cependant on ne voyait toujours rien de l'ennemi. Devant nous, le spectacle changea : les petits croiseurs et les torpilleurs avaient fait demi-tour, et cherchèrent à s'abriter derrière nos croiseurs de bataille. Nous étions donc maintenant les premiers de la ligne, l'horizon devant nous se dégagea de fumée, et nous pûmes alors distinguer quelques petits croiseurs anglais qui avaient eux aussi rebroussé chemin. Soudain, je découvris de grands bâtiments dans mon périscope. De sombres colosses, ô bâtiments géants, hauts sur bords, et larges sur l'eau, faisaient route en deux colonnes [1]. Ils étaient encore à une grande distance, mais se détachaient nettement sur l'horizon, et, même à cet éloignement, faisaient une impression puissante et massive. Nous ne conservâmes le cap au Nord que peu de temps. A 5 h. 33', notre bâtiment-amiral « Lützow », que nous suivions dans la ligne, abattit vers le Sud. L'ennemi vint aussi au Sud, en route convergente, et les deux lignes qui se rapprochaient de plus en plus firent route à toute vitesse vers le Sud. L'intention de l'amiral Hipper se révélait clairement : il voulait, en combattant, attirer les croiseurs de bataille ennemis sur notre gros.

Mon carnet porte, à ce moment, les ordres suivants :
« 5 h. 35'. Le bâtiment vient sur tribord ! Couplez pour le combat à tribord ! 17 000 mètres ! 16 500 mètres ! Grosse artillerie : obus de rupture ! Objectif : deuxième croiseur cuirassé à partir de la gauche, 102° ! Vitesse du navire : 26 nœuds ! Cap : Est-Sud-Est, 17 000 mètres ! Notre adversaire a deux mâts et deux cheminées, et, en outre, une cheminée plus mince tout contre son mât avant ! Dérive 10° gauche ! Vitesse de rapprochement : « moins 1 », 16 400 mètres ! »

Le vaisseau-amiral n'envoyait toujours pas la permission d'ouvrir le feu !

Il apparaissait de plus en plus clairement que les deux partis recherchaient la décision aux distances moyennes. En attendant, je considérai attentivement nos adversaires. Les 6 colosses éveillèrent en moi le souvenir du jour où j'étais sorti dans la baie de Kiel au-devant de

---

1. C'étaient les six croiseurs de bataille de l'amiral Beatty qui étaient encore formés à ce moment sur deux colonnes (*N. du S. H.*).

l'escadre anglaise pour saluer l'amiral. J'assistai une
fois de plus à l'arrivée d'une fière escadre anglaise.
mais, comme cette fois, le salut devait différer ! Quelle
impression plus forte et plus menaçante me faisaient
aujourd'hui, grossis 15 fois, les bâtiments ennemis, en
qui je reconnus tout de suite les 6 croiseurs de bataille
ennemis les plus récents. C'étaient donc 6 croiseurs de
bataille que nous avions en face des 5 nôtres : le
combat s'engageait à forces presque égales. C'était un
spectacle majestueux et qui remuait nos nerfs ; comme
le destin lui-même. les colosses gris et sombres défi-
laient devant nous.

Les 6 bâtiments, qui avaient d'abord marché sur
deux lignes, se rangèrent en une seule. Tel un troupeau
de bêtes géantes des temps préhistoriques, ils s'inter-
calaient les uns dans les autres avec de lents mouvements fantomatiques et irrésistibles.

Mais j'avais mieux à faire que de me livrer à de
longues considérations. Les distances télémétrées dimi-
nuaient sans cesse. Quand nous fûmes arrivés à
16 500 mètres j'avais commandé : « Obus de rupture ![1] »
C'était le projectile du combat rapproché. Personne
n'ignorait plus sur notre bâtiment que la lutte serait
dure, car j'avais bien souvent expliqué en quel cas nous
emploierions les deux sortes de projectiles.

J'indiquais les distances aux pièces, à mesure qu'elles
m'arrivaient, par les indications de l'officier d'observation. Le bâtiment-amiral, dès que nous eûmes pris la
nouvelle route, hissa à 5 h. 35′ le signal : « Répartition
des objectifs à partir de la gauche ! » Cela voulait dire

1. Les obus de rupture sont employés dès que la distance est devenue assez faible
pour qu'ils puissent percer les cuirasses de l'adversaire (N. du S. H.).

que chaque bâtiment allemand devait prendre sous son
feu un bâtiment anglais, en partant de l'aile gauche.
Par suite, les croiseurs de bataille allemands devaient
tirer sur les 5 premiers bâtiments anglais ; le second
était donc réservé au « Derfflinger » ; je l'identifiai
comme un bâtiment de la classe « Queen Mary ».
C'était la « Princess Royal » du même type que la
« Queen Mary ». Tout était paré pour le feu, la tension
de nos nerfs croissait de seconde en seconde, mais je
n'avais pas encore le droit de donner le premier ordre
de feu ; il fallait attendre le signal du bâtiment-amiral :
« Ouvrir le feu ». L'adversaire hésitait encore, lui aussi,
et se rapprochait de nous toujours davantage.

« 15000 mètres ! » Tel était mon dernier ordre, quand
j'entendis un sourd grondement, et vis devant moi le
« Lützow » tirer sa première salve. Au même moment,
on hissait le signal : « Ouvrir le feu. » A la même
seconde je crie : « Salve ! Feu! » Notre première salve
part avec un craquement de tonnerre. Nos matelots de
l'arrière nous imitent aussitôt ; nous voyons chez nos
adversaires, de toutes parts, des gouffres de feu, de
lourdes nuées de fumée, — la bataille est engagée!
Mon chronométreur du poste central nota à 5 h. 48' :
« 5 h. 48' ! Le bâtiment abat sur tribord. Différence de
vitesse moins 2 ! 15000 mètres ! Salve ! Feu ! » Il
s'écoule presque 30 secondes jusqu'à ce que nos pendules indicatrices de points de chute — cette fois toutes
simultanément — « mugissent ». Les piles neuves ont
fait leur effet ! Les points de chute sont bien groupés,
mais trop longs, c'est-à-dire derrière le but, et à droite.
« Dérive 2° plus à gauche ! Plus court 400 ! Feu ! » Tels
furent mes ordres pour la salve suivante. Plus court de

400 voulait dire que l'aspirant transmetteur de télémétrie devait déplacer de 400 mètres l'index de son appareil, et « Feu ! » signifiait : Aussitôt ce déplacement effectué, il devait, du poste central, donner lui-même l'ordre « Salve ! Feu ! » Par là, l'officier canonnier se trouvait déchargé, et en outre il ne pouvait pas arriver que l'on commandât « Feu » avant que la nouvelle correction de hausse n'eût été faite aux pièces. En effet, un indicateur de contrôle électrique spécial permettait à l'aspirant du poste central de se rendre compte pour chaque pièce si la hausse avait été bien mise correctement.

Le poste de transmission télégraphique du poste central était occupé par l'aspirant Stachow, jeune garçon de 17 ans. C'est lui qui maniait le télégraphe et la pendule de hausse, transmettait mes ordres aux pièces et réglait les ordres de feu. Il était relié à moi par un téléphone de tête, et je pouvais ainsi contrôler tous les ordres qu'il donnait. Le jeune enseigne a. jusqu'à la fin de la bataille, réglé avec sang-froid et compétence la discipline de feu de la grosse et moyenne artillerie — sauf au début du tir où il commit une faute.

Notre deuxième salve partait. Elle était encore trop longue. Je commandai : « Plus court 400 ». Les troisième et quatrième salves restaient trop longues ; j'avais pourtant commandé après la troisième : « Plus court 800 ». « Sacré bon dieu, aspirant Stachow, vous avez fait quelque sottise », jurai-je. « Encore une fois plus court 800. » La feuille de tir révéla plus tard que le premier « plus court 800 » n'avait pas été compris par l'aspirant ; en tout cas il n'en avait pas tenu compte. Mais, cette fois, les « plus court 800 » furent efficaces.

La sixième salve, tirée à 5 h. 52', était encadrante,
trois coups derrière, un coup devant le but. Entre
temps, comme la pendule. de tir marchait au début à
une vitesse de 2, puis de 3 hectomètres à la minute, et
que j'avais déjà retranché 16 hectomètres, nous étions
arrivés à une distance de 11 900 mètres. Nous étions
déjà depuis 4 minutes engagés, et c'est seulement maintenant que nous obtenions notre première salve encadrante. Ce n'était pas un résultat bien réconfortant.
Nous avions, tout d'abord, complètement dépassé le
but. La faute en était à une estimation inexacte de la
distance initiale et à un retard dans la transmission de
la distance télémétrée. Je m'expliquai la grande faute
d'estimation de distance de la manière suivante : les
télémétristes s'étaient troublés à la vue des mastodontes
ennemis. Chacun d'eux voyait dans son appareil l'adversaire grandi vingt-trois fois. Leurs pensées se con-
centrèrent, tout d'abord, sur l'aspect extérieur de
l'ennemi. Ils s'efforcèrent de déterminer : « Qui est-il ? »
Aussi quand l'ordre « ouvrir le feu » survint soudaine-
ment, ils n'avaient point exactement déterminé la
distance. Ce ne pouvait certainement pas être imputable
à un manque de formation professionnelle, car les télémétristes m'ont pendant tout le reste du combat donné
d'excellentes évaluations ; je ne peux pas non plus l'attri-
buer au fonctionnement de nos appareils ; bien au contraire, nos appareils à bases stéréoscopiques Zeiss se sont
admirablement comportés pendant la bataille. L'officier
d'observation me confirma, par la suite, que les évaluations de tous les appareils, même aux grandes distances,
avaient rarement différé de plus de 300 mètres[1].

1. Il est certain que les Allemands, qui ont toujours été des opticiens remar-

Nous avions perdu de précieuses minutes, mais j'étais bien maintenant dans le but, et à 5 h. 52′ 20″ mon chronométreur inscrivait sur la feuille de tir l'ordre : « bon, vite, efficacité ». « Bon, vite » signifiait que l'aspirant Stachow du poste central devait toutes les 20 secondes commander pour la grosse artillerie : « Salve ! feu ! » Et le mot « efficacité » voulait dire : l'artillerie moyenne devra immédiatement, après chaque salve de la grosse artillerie, tirer rapidement deux salves coup sur coup et, à partir de ce moment, conserver cette cadence en même temps que la grosse artillerie. Alors commença un vacarme effroyable et assourdissant. Avec l'artillerie moyenne, nous lançions généralement toutes les 7 secondes une puissante salve. Il faut avoir assisté une fois à un tir avec obus de combat à bord d'un grand bâtiment pour se rendre compte de ce que cela signifiait. Pendant le départ des salves, impossible de se faire comprendre. La fumée la plus opaque restait continuellement en paquets aux embouchures des pièces, puis se déployait en un nuage haut comme une maison, qui restait ensuite pendant plusieurs secondes comme un mur impénétrable devant nous, pour être enfin chassé par-dessus le bâtiment par le vent et la vitesse du navire. Il en résultait que nous restions parfois des minutes entières sans rien voir de l'ennemi et que notre blockhaus était entièrement enveloppé de la plus épaisse fumée. Naturellement nous ne pouvions poursuivre ce feu d'enfer aux deux calibres que pendant un temps limité. Il exigeait des efforts presque

quables, disposaient d'une télémétrie excellente, nettement supérieure à celle des Anglais qui ne possédaient encore à cette époque que des télémètres Barr et Stroud de faible longueur de base (*N. du S. H.*).

surhumains de l'armement des pièces et des hommes
des chambres à munitions. Il arrivait aussi fréquemment que l'on ne pût plus distinguer finalement les
points de chute de la grosse artillerie et de la moyenne.
Alors je donnais l'ordre : « Cessez le feu de l'artillerie
moyenne », et je contrôlais d'abord seulement le feu
de la grosse artillerie. Habituellement, peu de temps
s'écoulait sans qu'un mouvement quelconque de l'adversaire ne me fît dépasser le but ou tirer en deçà ;
aussi je ralentissais à nouveau le feu. Je commandais
alors derechef chaque salve et tâtonnais jusqu'à ce que
j'obtinsse une salve encadrante. A ce moment le concert
diabolique des « bien ! vite ! » recommençait. Toutes
les 20 secondes retentissait une salve de la grosse
artillerie, et l'on entendait dans les intervalles le feu
de la moyenne. Malheureusement, celle-ci ne pouvait
alors tirer que jusqu'aux distances de 13 000 mètres. Ce
qui m'étonnait, c'est que nous paraissions n'avoir pas
été jusqu'ici atteints une seule fois. Très rarement
un projectile venait s'égarer dans notre voisinage.
J'observai de plus près les tourelles de notre objectif,
et me convainquis que ce bâtiment ne tirait pas sur
nous. Il tirait avec d'autres sur notre vaisseau-amiral[1].
Je regardai un moment le troisième vaisseau de la
ligne ennemie : il tirait sur notre matelot arrière. Pas
de doute ! Nous avions, par suite de je ne sais quelle
erreur, été sautés. J'eus un sourire de rage et, comme
à un exercice de tir, je pris l'adversaire sous mon feu
avec une exactitude sans cesse plus grande. Toute idée

1. Il est permis de formuler des doutes sur l'aptitude des périscopes —
même allemands — à apprécier de si petits angles à plus de dix mille mètres
(N. du S. H).

de mort ou d'anéantissement était comme envolée.
En moi s'éveillait la joie purement sportive du tir,
tout mon être frémissait du plaisir sauvage du combat, et chaque pensée se concentrait sur ce seul
souhait : atteindre, vite et bien, recommencer sans
cesse et faire à mon orgueilleux ennemi le plus de
mal possible où et quand je pourrais. Il ne lui serait
pas facile de me barrer le retour au foyer natal.
J'avais pourtant murmuré tout bas : « Nous sommes
sautés », mais cette phrase se propagea en un instant
de bouche en bouche dans le blockaus et remplit
tous les cœurs d'une indicible gaité. Outre les deux
officiers canonniers, seuls les deux sous-officiers
pointeurs et les télémétristes pouvaient voir l'ennemi.
Nous avions, il est vrai, laissé ouvertes les fentes de
vision — audace qui n'était pas très justifiée, — mais
on pouvait, à l'œil nu bien entendu, à peine recon-
naitre l'adversaire. Aussi tous les hommes du poste
d'artillerie recueillaient-ils avec avidité ce que nous
leur disions.

Et maintenant, le combat continuait. Nos coups
produisaient des colonnes d'eau de 80 à 100 mètres de
haut, environ deux fois plus hautes que les mâts ennemis. La joie de nous savoir sautés ne dura pas très
longtemps. On avait dû, de l'autre côté, s'apercevoir
de l'erreur, et nous fûmes souvent encadrés de leur
salve. Je considérai à nouveau les tourelles de l'adversaire que j'avais prises pour objectif, et je vis que ses
pièces étaient exactement pointées sur nous. Je fis,
en même temps, tout à coup, une découverte qui m'é-
tonna. A chaque salve tirée par l'ennemi, j'apercevais
distinctement quatre ou cinq projectiles arriver à tra-

vers les airs[1]. Ils avaient l'aspect de longs points noirs.
Ils grandissaient progressivement et soudain — boum,
ils étaient là. En touchant l'eau ou le navire, ils explo-
saient avec un craquement formidable. Je finis par
remarquer assez exactement, d'après les projectiles,
s'ils taperaient devant ou derrière nous, ou bien
encore s'ils devaient nous honorer personnellement de
leur visite. Les coups dans l'eau produisaient une
colonne d'eau immense. Quelques-unes avaient environ, jusqu'à demi-hauteur, l'apparence de gaz verts
et jaunes. Cela était sans doute dû aux obus à la
lyddite. Ces colonnes d'eau mettaient bien de cinq à
dix secondes avant de retomber. C'était des fontaines
géantes auprès desquelles les fameuses grandes eaux
de Versailles n'étaient que jeux d'enfants. Pendant le
cours ultérieur de la bataille, quand l'ennemi eut
mieux réglé son tir contre nous, il arriva souvent que
ces colonnes d'eau crevassent au-dessus du bâtiment,
submergeant tout, mais en même temps éteignant tous
les incendies. Le premier coup au but sur notre bâtiment, dont j'eus conscience, frappa au-dessus de la
casemate. Il traversa d'abord une porte munie d'un
hublot rond. Un magnifique sous-officier, le maître
d'équipage Lorenzen, qui devait rester sous le pont
avec les réserves, s'y était glissé pour pouvoir observer
le combat. Sa curiosité fut durement punie. L'obus lui
trancha net la tête du tronc.

Nous nous approchâmes de notre adversaire jusqu'à

---

1. Il est très vrai qu'on peut suivre à l'œil nu, jusqu'à une certaine distance, les
gros projectiles pendant leur trajet dans l'air, mais à la condition de concentrer sur
eux son attention. Or celle de von Hase devait être entièrement accaparée par
l'observation du but et de ses points de chute. Son récit paraît sur ce point un peu
fantaisiste (N. du S. H.).

11 300 mètres. A 5 h. 55′, je repris déjà le tir avec une hausse de 11 500 mètres, et, à partir de ce moment-là, la distance augmenta très rapidement. A 5 h. 57′, je fis déjà marcher la pendule de hausse avec une augmentation de distance de : plus 6. A 6 heures, la distance de tir était de 15 200 mètres, à 6 h. 5′, de 18 000 mètres ; ainsi l'ennemi s'était déjà mis hors de notre portée, car, 18 000 mètres constituaient alors notre plus grande portée de tir. Nous pouvions bien l'augmenter un peu en faisant viser par les chefs de pièce non plus la ligne de flottaison, mais l'arête supérieure des cheminées, des hunes et finalement des têtes de mâts. Mais cela ne faisait qu'une différence de quelques centaines de mètres. Après la bataille du Jutland, nous avons augmenté sensiblement nos portées de tir par toutes sortes de perfectionnements. Mais nous étions maintenant désarmés en face de l'ennemi et ne pouvions répliquer à son feu. Cet état dura jusqu'à 6 h. 17′. A 6 h. 10′, notre bateau-amiral avait abattu de plusieurs quarts sur tribord, l'ennemi paraissait, lui aussi, avoir décrit un cercle autour de nous et nous nous rapprochâmes à nouveau assez rapidement. A 6 h. 19′, la distance de tir n'était plus que de 16 000 mètres. C'est déjà, à vrai dire, une très jolie distance, mais étant donnée la visibilité favorable et la netteté avec laquelle nous distinguions les points de chute, elle nous paraissait petite. Les lentilles de Zeiss de nos périscopes étaient excellentes. Je pus, même aux plus grandes distances, distinguer tous les détails sur les bâtiments ennemis, comme par exemple tous les mouvements des tourelles et de chaque pièce, qui, après chaque coup, prenait une position à peu près horizon-

tale pour la charge. Avant la guerre, personne dans
notre marine n'avait songé que l'on pût vraiment combattre avec succès à des distances supérieures à
15 000 mètres[1]. Je me souviens encore bien de divers
kriegsspiels que nous exécutâmes un ou deux ans avant
la guerre au Mess de Kiel sous la direction de
l'amiral von Ingenohl, et dans lesquels on négligeait à
dessein l'effet de chaque tir dont la portée dépassait
10 000 mètres !

Quel était maintenant le spectacle qu'offrait l'ennemi ?
A 6 heures, son bateau le plus arrière, le « Indefatigable » a sauté. Je ne l'ai pas vu, car mon attention
était entièrement accaparée par la direction du tir
contre le second bâtiment. La détonation avait été
sûrement énorme : mais le bruit d'enfer de notre propre
navire et celui des obus ennemis qui éclataient tout
autour de nous n'avaient pas permis d'entendre ; toutefois, le claquement des salves ennemies nous faisait
l'effet d'un sourd grondement dès que nos pièces se
taisaient. L'explosion de l' « Indefatigable » a été
observée et consignée au blockhaus arrière d'artillerie. L' « Indefatigable » a été pris sous le feu par notre
navire de queue, le « Von der Tann » qui, par une
excellente direction de tir, triompha de ce bâtiment.
Le vainqueur, l'officier canonnier du « Von der Tann »,
était le capitaine de corvette Mahrholz.

Le vent nord-ouest repoussait la fumée des pièces
contre les bâtiments anglais. Ceci leur bouchait fatale-
ment la vue et gênait leur tir. De même les conditions de visibilité vers l'Est étaient plus défavorables

---

1. La possibilité des tirs à très grande distance, au delà même de 20 kilomètres,
a été une des révélations de cette guerre (*N. du S. H.*).

que vers l'Ouest et les croiseurs de bataille anglais
avaient une position tactique décidément inférieure[1].
Les masses de fumée de l'adversaire nous gênaient
peu, car il suffisait à nos appareils de télémétrie sté-
réoscopique d'apercevoir ne fût-ce qu'un fragment de
tête de mât.

A 6 h. 17', je repris sous mon feu le deuxième croiseur de bataille à partir de la gauche. Je croyais que
c'était le même bâtiment, la « Princess Royal », sur
lequel j'avais déjà tiré. Mais, en fait, c'était la « Queen
Mary », le troisième bâtiment de la ligne ennemie. Cela
vient de ce que le bâtiment-amiral de l'amiral Beatty.
le « Lion », dut. au moment où je choisissais mon
objectif. se tenir quelque temps en dehors de la ligne.
et, par suite de la fumée qui enveloppait celle-ci, ne
pouvait être aperçu dans sa position un peu en retrait.
Des rapports ultérieurs parus dans les revues anglaises,
il résulte que Beatty avait passé, à ce moment, du
« Lion », dont le blockhaus de commandement était
devenu inhabitable, sur la « Princess Royal »[2]. Il dut
donc. comme fit plus tard notre propre amiral, l'amiral
Hipper. changer de vaisseau-amiral pendant le combat.
Notre bâtiment-amiral, le « Lützow ». avait tenu le
« Lion » sous un feu ininterrompu. violent et efficace,
d'obus explosifs. L'officier canonnier du « Lützow » avait
préféré ne point changer de projectiles pour éviter par là
des effets balistiques défavorables, et il avait commencé

1. Les conditions d'éclairage ont joué un rôle capital au cours de la bataille du
Jutland et il n'est pas douteux qu'au cours de cette première phase du duel elles
furent entièrement en faveur des Allemands. La situation se trouve par la suite
complètement renversée (*N. du S. H.*).
2. Ce renseignement est complètement faux. Le « Lion » ne cessa à aucun
moment de conduire la ligne anglaise. Il est probable que von Hase s'était tout
simplement trompé d'objectif. ce qui n'a d'ailleurs rien de surprenant (*N. du S H.*)

par tirer tous ses obus à explosifs. Leur effet effroyable
d'explosions et d'incendies contraignit le « Lion » à
quitter quelque temps la ligne pour éteindre ses incendies. C'est pourquoi, à partir de 6 h. 17', je tirai sur le
« Queen Mary ». J'eus de la difficulté dans la conduite
du tir, car les verres des périscopes qui dépassaient du
blockhaus se souillaient continuellement d'épaisses
fumées produites par la poudre et les cheminées, et
l'on y voyait à peine. J'étais, à ces moments-là, réduit
à l'observation de l'officier observateur de la hune
avant, l'enseigne de vaisseau von Stosch. Cet excellent
officier observa et rendit compte du gisement des coups
au but avec un sang-froid et un calme étonnants, et ses
parfaites observations, sur lesquelles je pouvais me
reposer absolument, contribuèrent essentiellement au
succès de nos armes. Pendant que nous ne voyions plus
rien, l'enseigne de vaisseau von Stosch, dans son
observatoire aérien, à 35 mètres au-dessus de la flottaison, tenait son périscope de hune braqué exactement
sur l'ennemi. Un indicateur de contrôle marquait sur
mon périscope la position de celui de la hune avant.
Mon sous-officier de pointage suivait avec son index et
nous pouvions ainsi pointer toutes les pièces sur l'ennemi sans le voir. Mais ce n'était bien entendu qu'un
expédient. L'enseigne Bartels, à côté de moi dans le
blockhaus, qui pendant le combat me seconda, criait
les distances évaluées, maniait mon indicateur « E-U »,
observait l'ennemi par les fentes de vision, remédiait
rapidement à la situation et faisait nettoyer les verres
du périscope par des balais spéciaux maniés du
blockhaus. Mais, dans le cours ultérieur du combat,
plusieurs colonnes d'eau produites par les coups enne-

LE CROISEUR DE BATAILLE ANGLAIS "*QUEEN MARY*", ANÉANTI LE 31 MAI 1916.

LE CROISEUR DE BATAILLE ANGLAIS « INVINCIBLE », ANÉANTI LE 31 MAI 1916.

mis déferlèrent sur le bâtiment, la fumée colla sur les verres mouillés, il fallut les nettoyer presque après chaque coup. Les balais eux-mêmes finirent par s'encrasser, je dus me résoudre à contre-cœur à envoyer un homme sur le toit du blockhaus pour nettoyer les verres du périscope, et à l'exposer sans défense aux coups et aux éclats ennemis. Cette mission fut le plus souvent remplie par mon coureur du personnel artificier, le matelot Meyer, qui resta pendant tout le combat sur la passerelle avant à côté du blockhaus d'artillerie, jusqu'à ce que finalement le destin l'empoignât et qu'un éclat d'obus lui fracassât la cuisse.

Comme je l'ai dit plus haut, les deux lignes à partir de 6 h. 10′ suivirent une route fortement convergente. A 6 h. 15′, nous observâmes que l'ennemi disposait ses torpilleurs pour l'attaque. Un peu plus tard, nos torpilleurs et le petit croiseur « Regensburg » franchirent notre ligne et se précipitèrent à l'attaque. A ce moment, se développa entre les deux lignes de croiseurs de bataille une petite bataille navale séparée. Environ 25 destroyers anglais, et presque le même nombre d'allemands, se livrèrent un combat d'artillerie acharné, et s'empêchèrent réciproquement avec succès d'utiliser leurs torpilles contre les croiseurs de bataille. Les deux partis lancèrent vers 6 h. 30′ quelques torpilles contre les lignes, mais sans résultat. Pour nous, cette bataille de torpilleurs était un spectacle magnifique.

Pendant ces combats de torpilleurs, les deux lignes se rapprochèrent toujours davantage, et c'est à ce moment qu'eurent lieu les combats d'artillerie les plus intéressants de toute la journée. Je me rendis compte

que la « Queen Mary » avait pris comme cible le
« Derfflinger ». Elle tirait plus lentement que nous,
mais par contre généralement, des bordées entières.
Comme elle était armée de huit 34^{cm},5, cela revient à
dire qu'elle lançait à la fois sur nous huit puissants
« porte-manteaux » comme les Russes, dans la guerre
russo-japonaise, appelaient les projectiles les plus
lourds. Je voyais arriver les obus, et je dus bien reconnaître que l'adversaire tirait parfaitement. Les huit
coups tombaient généralement groupés, mais, presque
toujours, longs ou courts — Le « Derfflinger » ne se
trouva que deux fois sous la grêle infernale, et ne fut
à chaque reprise atteint qu'une fois par un gros projectile.

Nous tirions comme à un exercice de tir. Les casques
téléphoniques fonctionnaient excellemment, chacun de
mes ordres fut correctement compris. Le lieutenant de
vaisseau von Stosch annonçait avec une précision mortelle le gisement exact des points de chute : « Encadrant! Deux coups au but! » « Encadrant! Toute la
salve sur le bâtiment! »

J'essayai d'arriver à tirer deux salves pendant que
l'ennemi en tirait une. Mais, souvent, je n'y parvenais
pas tout à fait, car l'ennemi tirait ses bordées entières
avec une vitesse fabuleuse. Je me rendis compte que
l'officier canonnier de la « Queen Mary » déclenchait
lui-même le tir au moyen d'un appareil central, le
célèbre « Firing Director » de Percy Scott. En effet,
toutes les pièces déchargeaient avec une simultanéité
complète et de même les projectiles frappaient le but
simultanément. L'officier canonnier anglais se tenait
probablement dans la hune avant, d'où il pouvait voir

par-dessus la fumée des pièces, et il déclenchait le tir
électriquement. C'était, pour les bâtiments anglais, un
grand avantage[1]. Malheureusement, ce n'est qu'après
les expériences de ce combat que nous sommes arrivés
à imaginer les installations, pour le tir indirect, du
haut de la hune avant. Moi-même j'ai contribué notable-
ment à introduire dans notre marine le tir indirect; j'ai
dirigé personnellement les premiers tirs indirects allemands, à bord du « Derfflinger », d'après une méthode
inventée par moi, et qui, sous le nom de « Méthode
Derfflinger » fut par la suite généralisée.

Ainsi, la « Queen Mary » et le « Derfflinger » se
livraient, au-dessus de la bataille de torpilleurs qui
faisait rage au milieu de nous, à un duel d'artillerie
selon les règles. Mais la pauvre « Queen Mary » avait
le mauvais bout! Outre le « Derfflinger », le « Seydlitz »
tirait aussi sur elle! Et l'officier canonnier du « Seydlitz »,
le capitaine de corvette Forster, était un de nos meilleurs
canonniers; il avait fait ses preuves dans tous les combats livrés jusqu'ici par son bateau et y avait révélé son
sang-froid et sa rapidité de décision. Le « Seydlitz »
n'avait à bord que des pièces de 28 centimètres. Ses
projectiles ne pouvaient avoir un effet de perforation
contre la cuirasse la plus épaisse de la « Queen Mary ».
Mais tout bâtiment possède des parties plus faiblement
protégées, sur lesquelles même des obus de 28 centimètres peuvent causer de grands dommages.

Grâce au bon fonctionnement de nos indicateurs de
points de chute, l'enseigne de vaisseau von Stosch et

---

1. Von Hase se trompe. Un très petit nombre de bâtiments anglais possédaient à
cette époque le « Firing Director ». Nous ignorons si l'infortunée « Queen Mary »
était l'un d'eux (N. du S. H.).

moi _ ne confondîmes jamais nos points de chute avec
ceux des 28 centimètres du « Seydlitz ». Comme les
distances dépassaient constamment 13 000 mètres, les
pièces de 15 des deux bâtiments ne pouvaient pas encore participer au combat contre la « Queen Mary ».
D'ailleurs, le tir simultané sur le même adversaire par
deux bâtiments n'était possible que si chacun d'eux
employait seulement sa grosse artillerie. Si les batteries
de 15 centimètres avaient encore fait feu dans les intervalles, personne au monde n'eût pu distinguer les points
de chute.

Mes feuilles de tir de 6 h. 22′ à 6 h. 26′ 10″ au poste
central portent les indications suivantes :

Feuilles de tir pendant la destruction de la « Queen
Mary » :

HEURES	GISEMENT	DISTANCE	DÉRIVE	COMMANDEMENTS AUX TRANSMETTEURS DE HAUSSE, etc., etc ..
6 h. 22′	52°	14 k. 0	10° G	Vitesse de rapproch. 3.
6 h. 22′ 40″	51°	13 k. 9	16° G	Plus loin 2.
» 23′ 45″	52°	13 k. 7	14° G	Plus loin 1.
» 24′ 20″	52°	13 k. 5	14° G	Bon. — Tir rapide.
» 24′ 40″	52°	13 k. 4	14° G	
» 25′	52°	13 k. 4	14° G	
» 25′ 20″	52°	13 k. 2	14° G	
» 25′ 45″	52°	13 k. 1	14° G	
» 26′ 10″	52°	13 k. 2	10° G	Plus loin 2. Grande explosion sur le navire ennemi. Changé d'objectif et pris le deuxième croiseur de bataille à partir de la gauche.

On remarquera dans cette feuille de tir que les gisements des tourelles indiqués en degrés sont restés presque les mêmes et que par conséquent le bâtiment, pendant ces minutes si essentielles pour l'artillerie, a gouverné remarquablement droit[1].

C'est environ à 6 h. 26' que sonna le moment historique où la « Queen Mary », le plus fier bâtiment de la flotte anglaise. trouva sa perte. A partir de 6 h. 24' chacune de nos salves avait porté sur le bâtiment ennemi. La salve tirée à 6 h. 26' 10" tomba quand de fortes explosions avaient déjà commencé à bord de la « Queen Mary ». On vit d'abord à l'avant l'éclair d'une flamme d'un rouge vif. Puis eut lieu une explosion sur l'avant, suivie d'une autre bien plus violente au milieu; des fragments noirs du bâtiment volèrent en l'air; immédiatement ensuite, le navire tout entier fut saisi par une immense explosion. Un gigantesque nuage de fumée se déploya dans l'air. Les mâts s'écroulèrent vers le milieu, le nuage de fumée cacha tout et monta toujours plus haut. Finalement il ne resta plus qu'un épais nuage à l'endroit où s'était trouvé le navire. Il n'avait qu'une faible largeur dans le bas. mais s'élargissait toujours plus vers le haut et avait l'air d'un pin immense et noir. La colonne de fumée atteignit, à mon avis, une hauteur de trois à quatre cents mètres.

Dans le « Times » du 9 juin 1916, un chef de pièce du « Tiger », qui. pendant le combat marchait derrière la « Queen Mary », donna de sa perte la description suivante :

« Quand l'escadre allemande revint sur nous, elle

---

[1] C'est une condition essentielle pour l'efficacité du tir. Le témoignage de von Hase est très intéressant parce qu'il nous montre qu'on a beaucoup exagéré, du côté anglais, en prétendant que les Allemands ne cessaient d'évoluer pour dérouter le tir de l'adversaire (N. du S H.)

concentra le feu de toutes ses pièces sur la « Queen
Mary ». Elle avait en vain tâtonné pendant plusieurs
minutes pour trouver la distance exacte. Soudain un
événement étrange se produisit : chaque obus tiré par
les Allemands parut tout à coup atteindre en même
temps les croiseurs de bataille. C'était comme quand un
ouragan fracasse une forêt. La « Queen Mary » sembla
donner lentement de la bande par tribord : elle avait
perdu son mât et ses cheminées, un trou gigantesque
bâillait dans son bordé. Elle fit un grand plongeon, le
trou disparut sous l'eau qui s'y engouffra, et la fit complètement chavirer. Une minute et demie s'écoula encore
et, de la « Queen Mary », on n'aperçut plus que la quille,
puis elle disparut également. »

Nos torpilleurs ont, dans le cours de la journée,
repêché deux survivants de la « Queen Mary » et les
ont amenés prisonniers à Wilhelmshaven : c'étaient
un aspirant et un matelot. Il y avait à bord, déclarèrent-
ils, plus de 1400 hommes, et, parmi eux, un prince
japonais[1], qui devait être l'attaché naval à Londres. Le
commandant de la « Queen Mary » était le captain
C.-J. Prowse. L'amirauté anglaise déclara, quand elle
établit la liste de perte des officiers, au sujet de la
« Queen Mary » : « A l'exception de 4 enseignes, tous
les officiers qui se trouvaient à bord ont péri. »

A peine la « Queen Mary » avait-elle disparu dans le
nuage de fumée, que je cherchai avec mon périscope
un nouvel objectif. Je l'inclinai vers la gauche et, à
mon grand étonnement, je découvris qu'il s'y trouvait
encore deux autres croiseurs de bataille. C'est seulement

---

1. Renseignement inexact (N. du S. II).

à ce moment que je me rendis compte que j'avais, jus-
que-là, tiré sur le troisième bâtiment de la ligne. Le
« Lion » s'était sur ces entrefaites replacé à la tête de
la ligne ennemie ! Notre cible était redevenue la « Princess Royal ».

Après la destruction de la « Queen Mary », le poste
central d'artillerie nota les ordres suivants :

HEURES	GISEMENT	DISTANCE	DÉRIVE	COMMANDEMENTS AUX TRANSMETTEURS DE HAUSSES, etc., etc...
6 h. 27' 15"	47°	12 k. 2	12° G	Plus loin 2.
» 28'	60°	12 k. 4	14° G	» 4.
» 28' 30"	83°	12 k. 6		
» 29' 20"	88°	14 k. 0	14° G	
» 30' 20"	88°	14 k. 6	10° G	» 4.
» 31' 20"	87°	15 k. 0		
» 32' 10"	87°	15 k. 7	2° G	» 4.
» 33' 10"	105°	16 k. 4		

Il s'était donc écoulé une minute et cinq secondes après
la dernière salve sur la « Queen Mary », que la première
tombait déjà sur la « Princess Royal ». J'avais fait
repérer la distance de ce bâtiment par le télémétriste
du poste d'artillerie. Elle n'était que de 12 200 mètres.
C'est sur cette estimation que je tirai la première salve,
mais elle était trop courte. Il en fut de même des deux
suivantes. Aussi j'allongeai très énergiquement pour la
quatrième. Le télémétriste n'avait probablement pas
compris immédiatement que la distance ne diminuait
plus, mais, au contraire, après la perte de la « Queen
Mary », recommençait très vite à augmenter. On voit
sur la feuille de tir, d'après les gisements qui changent

continuellement, que la route du bâtiment était très
irrégulière, et qu'il avait abattu sur bâbord. Les Anglais
en faisaient autant. Il ne fallait donc plus songer à un
tir rapide et efficace. Il s'écoulait généralement une
minute entre chaque salve. Il fallait attendre chaque
fois la chute de la salve. Une fois qu'on l'avait observée.
on devait donner de nouveaux commandements pour
la dérive, la distance et le transmetteur de hausse.

A 6 h. 36', la distance était de 16 800 mètres.

Sur ces entrefaites, nous remarquâmes que l'ennemi
recevait du renfort. Derrière la ligne des croiseurs de
bataille parurent 4 grands bâtiments. Nous reconnûmes
en eux des navires de la classe « Queen Elisabeth ».
Nous en avions souvent parlé entre nous dans la marine.
C'étaient des bâtiments de ligne doués d'un armement
géant de 8 pièces de 38^{cm},1, de 28 000 tonnes de déplacement et d'une vitesse de 25 nœuds. Leur vitesse était
donc à peine différente de la nôtre — 26 nœuds, mais
ils tiraient des projectiles qui pesaient plus du double
des nôtres. Ils intervinrent dans le combat à des distances gigantesques. Nous essuyâmes désormais un feu
violent. et par suite suivîmes constamment des routes
en zigzags [1]. De 6 h. 36' à 6 h. 45', je ne suis pas arrivé
à tirer un coup de canon avec la grosse artillerie. Cela
était dû, en très grande partie, à la fumée produite par
le combat de torpilleurs qui se poursuivait entre les
lignes, et à notre feu de défense contre les torpilleurs,
qui avait commencé sous la direction du troisième

---

[1] C'est un moyen très efficace de troubler le tir de l'adversaire et aussi le sien
propre. Il a été employé des deux côtés dès qu'on sentait le tir ennemi bien réglé.
Ceci prouve qu'au combat l'homme est également préoccupé de tuer et de n'être pas
tué. Préoccupation bien naturelle car la deuxième proposition conditionne la première (N. du S.-Il.)

officier canonnier, le lieutenant de vaisseau Hausser.
Les torpilleurs anglais s'étaient par moment diablement
approchés de nous! Comme je ne voyais plus rien des
grands bâtiments, j'avais tout le loisir nécessaire pour
considérer les fluctuations du combat. Ce fut un magnifique spectacle quand le « Regensburg » avec, à bord,
le commodore Heinrich, l'ancien commandant du
« Derfflinger », traversa nos lignes à toute vapeur à la
tête d'une flottille. Nos torpilleurs et ceux de l'ennemi
se rapprochèrent jusqu'aux plus courtes distances. Je
vis deux de nos bâtiments immobilisés, ils faisaient
eau, il était clair qu'ils étaient perdus. D'autres bâtiments les accostèrent sous le feu et recueillirent tous
leurs équipages. Un destroyer anglais coula, d'autres
autour de lui restaient désemparés[1]. Nos salves de
15 centimètres résonnaient sans interruption, le lieutenant de vaisseau Hausser encadra plusieurs bâtiments
qu'il bombarda l'un après l'autre avec la plus grande
efficacité. On le vit mettre au but sur l'un d'eux, le
destroyer stoppa soudain, puis disparut dans un nuage
de fumée.

Quel dommage que nous n'eussions pas de peintre
de marine à bord! Le peintre de marine bien connu,
Klaus Bergen, était souvent sorti avec nous dans nos
croisières en mer du Nord. Il en avait été cette fois-ci
empêché. Il le regretta fort, mais malgré cela ses
tableaux de la bataille du Jutland ont obtenu le plus
grand succès. Il avait été malheureusement très sévè-
rement interdit de photographier à bord. Il ne devait
s'y trouver aucun appareil. On espérait ainsi se protéger

---

1 **Deux destroyers** anglais restèrent en effet désemparés, mais ne furent coulés
qu'une heure plus tard par les navires de la flotte de ligne allemande (*N. du S. H.*).

contre l'espionnage. C'est ce qui explique que, sur toute
la flotte allemande, il n'y eut pas une seule photographie
prise de la bataille du Jutland.

La feuille de tir. du poste central de l'artillerie
moyenne, excellemment tenue par l'aspirant Hauth,
pendant tout le combat, porte au moment de la défense
contre les torpilleurs les notes suivantes :

« 6 h. 37′ : L'artillerie moyenne contre les torpilleurs !
Réglez-vous sur l'indicateur de gisement ! A 6 000 mètres !
Sur le torpilleur le plus à gauche ! Feu ! A 7 000 mètres !
Feu ! A 6 400 mètres ! Feu ! 6 000 mètres ! Feu ! Feu !
Bon, feu rapide ! Feu ! Feu ! Feu !

« 6 h. 42′ : Suspension de feu pour l'artillerie moyenne !
6 800 mètres ! Feu ! 5 500 ! Feu ! 5 000 ! Feu ! Feu ! 5 600 !
Feu ! Feu ! 7 000 ! Feu ! 6 800 ! Bon. Feu rapide ! Feu !
Feu ! Feu ! 7 000 ! Feu ! Feu ! Feu !

« 6 h. 45′ : Le bâtiment abat sur bâbord ! Feu ! 8 000 !
Feu ! 8 400 ! Feu ! Feu !

« 6 h. 48′ : Suspension de feu pour l'artillerie moyenne !»

A 6 h. 48′ le feu de défense contre les torpilleurs
cessa ; à 6 h. 50′, toute l'escadre mit le cap au Nord-
Nord-Ouest. Par cette manœuvre, l'amiral Hipper, avec
ses croiseurs se bataille, se plaçait à une distance d'environ 7 milles devant la pointe de nos bâtiments de
ligne qui, à toute vitesse faisaient route environ Nord-
Nord-Ouest et qui, peu après, engagèrent avec leur
pointe le combat contre les bâtiments de la classe
« Queen Elisabeth ».

Nous reçûmes de nombreux coups de 10^{cm},5 et nous nous
convainquîmes par la suite que les destroyers anglais
nous avaient, eux aussi, vigoureusement pris sous leur
feu. Mais tout cela m'avait échappé dans le tumulte

général de la bataille. Ces projectiles de 10^{cm},5 avaient naturellement rebondi sans effet sur notre cuirasse, ils n'avaient agi que sur les parties non protégées, particulièrement sur le gréement ; ils détruisirent nos antennes de T. S. F. et quelques liaisons téléphoniques d'artillerie avec les hunes. Un officier trouva après le combat un obus de 10^{cm},5 non explosé dans sa couchette lorsqu'il voulut s'y étendre.

De 6 h. 45′ à 6 h. 5o′, j'ai encore tiré 8 salves à 18 000 mètres avec la grosse artillerie sur la « Princess Royal », sans doute sans grand succès.

Pendant notre évolution au Nord-Nord-Ouest, nous aperçûmes la pointe de notre troisième escadre ; c'étaient les magnifiques bâtiments de la classe « König ». Nous poussâmes tous un soupir de soulagement. Depuis que nous avions devant nous, outre les croiseurs de bataille, la cinquième escadre de ligne anglaise avec ses 38, nous ne nous sentions pas très tranquilles[1].

A 6 h. 5o′ j'indiquai aux pièces : « le bateau vire lentement sur tribord ! Notre troisième escadre est en position ! »

Ainsi se termina la troisième phase du combat. Nous avions vu un mastodonte anglais voler sous notre feu comme un tonneau de poudre en explosion. Le « Derfflinger » sortait du combat avec ses forces intactes. Rien d'étonnant si nous songions à de nouvelles luttes, le cœur haut, et confiants dans la victoire. Nous étions en liaison étroite avec notre meilleure escadre de ligne, croyions n'avoir affaire qu'aux 4 croiseurs de bataille

---

[1]. Il faut reconnaître à von Hase, entre autres mérites, celui de la sincérité. Les Anglais commirent une faute tactique en ne concentrant pas toutes leurs forces avant d'attaquer les cinq croiseurs de bataille allemands. Sans cette erreur le combat aurait pu offrir un tout autre caractère (*N. du S. H.*).

qui restaient, et aux 4 bâtiments de la classe
« Queen Elisabeth ». Remplis de fierté et de joie victorieuse, nous espérions l'anéantissement de toutes les
forces adverses. Nous avions une confiance du diable
en notre bâtiment? Il nous paraissait tout à fait impossible que notre fier navire pût être anéanti en quelques
minutes comme la « Queen Mary » et l' « Indefatigable ». Au contraire, j'avais le sentiment que nous pour-
rions faire exploser dans le minimum de temps tout
bâtiment anglais, à condition que notre navire gouver-
nât droit pendant quelque temps et que les distances
ne fussent pas trop grandes, autant que possible pas
au delà de 15000 mètres! Nous brûlions donc de cueil-
lir de nouveaux lauriers. Dans tout le bâtiment, cela
se sentait, régnait un grand enthousiasme. Les armements des pièces avaient réalisé des merveilles ; même
pendant le feu le plus rapide ils avaient maintenu les
pièces parées à tirer dès que retentissait la cloche de
feu. Après ce tir d'une heure, les pièces commençaient
à s'échauffer, leur peinture grise fumait, prenait des
teintes brunes et jaunes. Tous avaient pu prendre pour
modèle le calme avec lequel le commandant dirigeait
le bateau. Il m'avait fréquemment soutenu de ses indications, mais, d'ailleurs, laissé entièrement libre dans
le choix de l'adversaire sur lequel je voulais tirer[1].

1. Ceci est assez surprenant, le choix de l'objectif étant une des prérogatives
essentielles du commandant (N. du S. H).

CHAPITRE VII

DEUXIÈME PARTIE DU COMBAT
(de 6 h. 55′ à 7 h. 5′)

COMBAT AVEC LA CINQUIÈME ESCADRE DE LIGNE
LA MANŒUVRE DE DÉBORDEMENT PAR LES AILES DE BEATTY

La première phase du combat avait été réconfor-
tante et intéressante pour le canonnier, la seconde fut
infiniment moins satisfaisante. L'ennemi avait acquis
un saint respect de l'efficacité de nos projectiles et se
tenait en une course sauvage[1] vers le Nord autant que
possible hors de notre portée, mais il nous tenait encore
sous le feu de ses pièces. On voit dans mon croquis
n° 1 que les distances pendant la seconde phase du
combat ne sont guère descendues au-dessous de 18 000
mètres. Si je tirais, c'était à vrai dire pour contrôler
si l'adversaire était encore hors de portée, et, pour épargner des munitions, je me contentai de faire tirer quelques coups à une seule tourelle. J'indiquai comme point
de mire à mes tireurs la crête supérieure des cheminées ou les mâts. L'ennemi ne tirait pas très bien à de
telles distances. Les salves étaient, il est vrai, très

---

1. Cette course sauvage n'avait d'autre but que d'entraîner la flotte allemande à
la rencontre de la Grand Fleet (N. du S. H).

groupées, leur dispersion était au plus de trois ou quatre
cents mètres. La conduite du tir n'était sans doute pas
très adroite ; peut-être la visibilité était-elle également
très mauvaise ; en tout cas, les salves tombaient à des
distances très irrégulières de notre bâtiment. Nous
reçûmes pourtant quelques mauvais coups ; à peu près
deux ou trois gros projectiles nous atteignirent pendant
cette partie de la bataille. Quand un gros obus touchait
la cuirasse de notre navire, l'énorme craquement de la
détonation était suivi d'une vibration de tout le bateau ;
notre blockhaus de commandement lui-même était
pris d'une sorte de tremblement. Les obus qui éclataient à l'intérieur du bateau causaient plutôt un sourd
grondement qui se répercutait partout à travers les
innombrables porte-voix et téléphones.

Les quatre croiseurs de bataille anglais marchaient à
toute vitesse. En peu de temps, ils échappèrent à nos
regards dans la brume et la fumée. Ils se dirigeaient
vers le Nord, et, avec notre vitesse inférieure, nous ne
pûmes pas les suivre. Le chef de la flotte lança pourtant à 7 h. 21′ le signal : « engagez la poursuite des
croiseurs de bataille ». Mais notre escadre de croiseurs
ne pouvait guère donner à la longue plus de 25 nœuds.
C'était pour les Anglais un jeu que de nous échapper à
une vitesse de 28 nœuds. A ce moment, nous ne distinguions pas très bien le but de leur manœuvre. Nous
croyions qu'ils voulaient simplement rallier rapidement
leur gros, dont nous soupçonnions l'existence d'après
le mouvement des croiseurs de bataille anglais. En
fait, l'amiral Beatty, malgré la vitesse maxima à laquelle
nous marchions, nous déborda complètement par les
ailes et finalement nous tourna. Il accomplit là une

excellente manœuvre et ses bâtiments réalisèrent une performance technique remarquable. Il a exécuté le fameux : « Crossing the T » d'une manière achevée ; il tira le trait sur le « T », nous força à virer de bord et finalement nous encercla complètement au milieu de l'escadre de ligne et des croiseurs de bataille anglais. Dans les phases du combat qui suivirent, nous ne pûmes plus généralement distinguer devant quels bâtiments ennemis nous nous trouvions, aussi ne puis-je pas préciser quand et si même nous nous sommes, par la suite, retrouvés en face des quatre croiseurs de bataille de Beatty[1].

Après qu'ils eurent disparu peu à peu, nous nous trouvions encore en face des quatre puissants bâtiments de la cinquième escadre de ligne «Malaya», «Valiant». « Barham » et « War-Spite ».

Ils ne purent, pendant cette phase du combat, marcher à grande vitesse, car ils arrivèrent bientôt à portée de notre troisième escadre et furent pris sous le feu de ses bâtiments de pointe, surtout du vaisseau-amiral « König ». Ainsi, les quatre vaisseaux de ligne anglais essuyèrent pendant quelque temps le feu d'au moins 9 navires allemands, 5 croiseurs de bataille et 4 ou 5 bâtiments de ligne. Mes feuilles de tir portent que nous tirâmes à partir de 7 h. 16′ sur le second bâtiment à partir de la droite, par conséquent sur le navire qui se trouvait derrière le bâtiment de tête ennemi. Je fis tirer à ces grandes distances à obus explosifs.

La deuxième phase du combat s'écoula pour nous

---

1. On se demande comment dans ces conditions von Hase put se rendre compte de la magnifique manœuvre qu'il prête à l'amiral Beatty. Il ne la connut évidemment qu'après son retour à Wilhelmshaven, par les récits anglais (N. du S. H.).

sans grands incidents. Mais, sous certains rapports,
cette lutte contre un adversaire inférieur en nombre,
mais supérieur en moyens- d'action, qui nous tenait
sous son feu à des distances où nous ne pouvions plus
l'atteindre, fut au plus haut degré déprimante, éner-
vante et pénible. Notre seul moyen de défense consistait à quitter immédiatement, pour peu de temps,
notre place dans la ligne, quand nous remarquions que
l'ennemi avait bien réglé son tir sur nous. Comme notre
adversaire ne pouvait pas distinguer ces mouvements,
nous sortions régulièrement et rapidement de la grêle
de projectiles. Je ferai encore remarquer que ces petits
changements de route effectués pour éviter le tir ennemi
n'ont pas été reportés sur les croquis car nous reprenions
immédiatement ensuite, à toute vitesse, notre ancienne
place dans la ligne de combat.

Mais les conditions de la lutte d'artillerie changèrent
bientôt complètement.

LE « *DERFFLINGER* ». ESCORTÉ PAR QUATRE TORPILLEURS. QUI LE
PROTÈGENT CONTRE LES SOUS-MARINS.

PHOTOGR D AVION.

LE « *DERFFLINGER* » TIRE PENDANT LA MARCHE A TOUTE VITESSE
UNE SALVE DE GROSSE ARTILLERIE.

(PHOTOGR. D AVION.)

SALVE DE 8 CANONS DE 30ⁱ DU « *DERFFLINGER* ».

EN PLEINE MER.

CHAPITRE VIII

TROISIÈME PARTIE DU COMBAT

(*De 7 h. 50' à 9 h. 5'.*)

COMBATS ACHARNÉS AVEC DES BATIMENTS DE LIGNE, DES
CROISEURS ET DES TORPILLEURS. DESTRUCTION DE L' « IN-
VINCIBLE ». LE « DERFFLINGER » CONTRAINT DE STOPPER
POUR DÉGAGER SON FILET PARE-TORPILLES

A 7 h. 40', des petits croiseurs et des destroyers ennemis commencèrent contre nous une attaque de torpilleurs. Aussi nous mîmes le cap au Nord-Nord-Est et
appuyâmes environ de 6 quarts sur tribord [1].

La visibilité devint très mauvaise et il était difficile
de distinguer les navires ennemis. Nous tirâmes sur
des petits croiseurs et des torpilleurs. A 7 h. 55', nous
fîmes route à l'Est et à 8 heures, quand les torpilleurs
nous attaquèrent, toute l'escadre de croiseurs de bataille
mit par échelons le cap au Sud. Cette manœuvre nous permit d'échapper avec beaucoup d'efficacité aux torpilles
lancées sur nous [2]. A 8 h. 12', nous fîmes demi-tour et nous

1. C'est évidemment cette attaque et non pas la manœuvre des Battle-cruisers
anglais, qu'ils avaient perdus de vue, qui détermina les Allemands à venir sur la
droite (*N. du S. H.*).

2. Ces destroyers étaient certainement ceux qui accompagnaient la 3ᵉ escadre de
Battle-cruisers anglais, sous le commandement de l'amiral Hood, qui arrivait à ce
moment sur le champ de bataille venant du Nord-Est (*N. du S. H.*).

dirigeâmes sur l'ennemi. Pendant tout ce temps, nous n'avions tiré qu'occasionnellement avec la grosse artillerie et l'artillerie moyenne. A 8 h. 15′, nous essuyâmes un feu de grosse artillerie. Nous étions environnés d'éclairs, c'est à peine si l'on pouvait distinguer les coques des bâtiments. Aussi loin que le regard pouvait embrasser l'horizon, j'apercevais de tous côtés des navires ennemis. Je ne voyais ni le début ni la fin de la ligne adverse, il m'était donc impossible de prendre sous mon feu le « deuxième bâtiment à partir de la droite », et je choisis comme objectif un navire que je distinguai particulièrement bien. A ce moment, commença un combat acharné[1]. En peu de temps, le vacarme de la bataille atteignit son point culminant. Nous nous rendîmes parfaitement compte que nous nous trouvions, cette fois, devant toute la flotte anglaise. Je reconnus, rien qu'à la masse de sa haute coque, que j'avais pris sous le feu un gigantesque vaisseau de ligne[2]. Entre les deux lignes, des combats de croiseurs et de torpilleurs faisaient rage. Je vois soudain dans mon périscope qu'un petit croiseur allemand en flammes est à la dérive. Je reconnais le « Wiesbaden ». Il est presque entièrement enveloppé de fumée, seul l'arrière est encore dégagé et la pièce qui s'y trouve continue de tirer sur un petit croiseur anglais. Brave « Wiesbaden »! Quel vaillant équipage avait ce beau bâtiment! Seul le chauffeur Zenne, après avoir dérivé pendant trois jours sur un radeau, fut sauvé par un bateau de pêche norvégien; tous les autres, parmi lesquels le poète Gorch

---

1. C'est exactement le moment où la Grand Fleet arrive sur le champ de bataille et se déploie (N. du S. H.).

2. C'étaient les dreadnoughts de la 6ᵉ division (Malborough) formant la queue de la ligne anglaise (N. du S. H.).

Fock qui aimait la mer par-dessus tout, ont scellé de leur mort de marins leur fidélité au Kaiser et à l'empire ! Le « Wiesbaden » se trouvait sous le feu efficace d'un petit croiseur anglais. Les obus frappaient à coups redoublés sur le pauvre bâtiment. La rage me saisit ; je lâchai mon objectif, fis mesurer la distance du petit croiseur anglais, commandai hausse et dérive, et « Vlan ! ». Une salve partit sur le tortionnaire du « Wiesbaden » ! Une autre salve et je l'avais ! Une haute colonne de feu monta au ciel, c'était sans doute l'explosion d'une soute à poudre. Le croiseur vira de bord, se sauva à toute vitesse, mais j'eus encore le temps de l'assaisonner de deux ou trois salves. A ce moment, le lieutenant de vaisseau Hausser, qui, jusqu'ici, avait tiré avec son artillerie moyenne sur les torpilleurs, me demanda : « Ce croiseur aux 4 cheminées est-il allemand ou anglais ? » Je braquai mon périscope sur la cible désignée et examinai le bâtiment. Dans l'éclairage de brume grise, la couleur des navires allemands et anglais avait presque même aspect. Le croiseur était tout près de nous. Il avait 4 cheminées, 2 mâts, comme notre « Rostock » qui marchait avec nous ! « C'est sûrement un anglais cria le lieutenant de vaisseau Hausser, puis-je tirer ? » « Oui. Feu ! » Ce devenait pour moi une certitude ; c'était un assez grand bâtiment anglais. L'artillerie moyenne pointa ses pièces sur le nouvel objectif, le lieutenant de vaisseau Hausser commanda : « A 6 000 mètres ! » Alors, au même moment où il voulait commander « feu », se passa quelque chose d'effroyable et d'impressionnant : le navire anglais, dans lequel je venais d'identifier un croiseur cuirassé anglais assez ancien, éclata sous une explosion

puissante ; une fumée noire et des fragments de bateau
s'élevèrent en un tourbillon, une flamme sillonna tout
le bâtiment, puis il disparut sous nos yeux dans les
profondeurs ; seul, un nuage de fumée gigantesque
désignait encore la place où, à l'instant même, un fier
navire venait de combattre. A mon avis, ce bateau fut
détruit par le feu de notre matelot avant, le « Lützow »,
bateau-amiral de notre chef, l'amiral Hipper.

L'événement se passa en moins de temps encore que
je n'ai mis à le raconter. Ce fut l'affaire de quelques
secondes et nous avions déjà de nouvelles cibles sous
notre feu. Le navire détruit était le « Defence », vieux
croiseur cuirassé du même type que le « Black Prince »,
qui fut coulé la nuit suivante par le « Thüringen » et
d'autres bâtiments de ligne. C'était un navire de
14 800 tonnes, armé de 9 pièces de 23^{cm},4 et de 10 de
15^{cm},2 ; son équipage était de 700 hommes. Pas un seul
ne fut sauvé ! Le navire se volatilisa, tous furent tués
dès l'explosion elle-même. Le navire était dans un
éclairage favorable et à une distance relativement
courte ; aussi, avec le grossissement au 15e de nos périscopes, pûmes-nous observer très exactement l'événement. Ce fait, dans toute son horreur, restera ineffa-
çable dans ma mémoire.

Je tirai de nouveau sur le grand navire. Mais je
n'avais plus aucune idée de ce qu'il pouvait être. Nous
avions à 8 h. 22′ mis le cap au Sud-Est. Étant donné le
chaos du combat et la mauvaise visibilité, je ne com-
prenais plus exactement la situation tactique. Une fois,
cette idée me traversa l'esprit : ne serait-ce pas par hasard des navires allemands sur lesquels nous tirons ?
Mais la visibilité, qui variait d'une minute à l'autre,

devenant progressivement plus mauvaise, s'améliora un instant et je pus distinguer nettement les contours si typiques des bâtiments anglais et la tonalité sombre de leur couleur grise. Je crois que notre couleur gris clair était plus favorable que la couleur gris sombre des Anglais. Nos bâtiments disparaissaient bien plus vite dans les minces voiles de brume qui s'étendaient par traînées de l'Est à l'Ouest.

A 8 h. 25′, l'enseigne von der Decken nota dans le blockhaus arrière : « Sur le « Lützow » des coups au but de grosse artillerie à l'avant. Le navire brûle. Beaucoup de fumée. » Et à 8 h. 30′ il écrit : « Trois coups de grosse artillerie sur le « Derfflinger ». Un de ces coups avait atteint la deuxième pièce de 15 centimètres sous casemate bâbord, tranché net l'âme de la pièce par le milieu et tué ou blessé de ses éclats la plus grande partie de l'armement de la casemate. De plus, des éclats avaient arraché de son affût la première pièce de 15 centimètres et également tué ou blessé plusieurs hommes de la première casemate. Les autres coups avaient pénétré à l'arrière.

Je cherchai maintenant mon objectif le plus en avant possible, à la pointe de la ligne ennemie. En effet, je remarquai que le « Lützow » ne tirait plus que faiblement. La fumée de l'avant en feu interdisait par moment la conduite du tir à bord du « Lützow ».

A partir de 8 h. 24′, je tirai sur des grands bâtiments de ligne dans la direction Nord-Est. Les distances étaient petites, de 6 à 7 000 mètres, et malgré cela les navires disparaissaient souvent dans des traînées de brume qui planaient lentement, et où se mêlait la fumée de la poudre et des cheminées. Il n'était guère possible d'observer les points de chute. Tous ceux qui dépassaient le but ne pouvaient point être vus de nous, on ne distinguait assez bien que les coups trop courts. Mais cela ne nous servait guère ! Quand, ensuite, on approchait du but, on ne voyait plus les blanches colonnes d'eau et l'on ne savait absolument pas ce que l'on avait atteint. Je tirai d'après les observations du télémétriste du blockhaus, le fidèle Hänel, mon ordonnance depuis cinq ans. Les évaluations étaient par ce temps brumeux absolument irrégulières et inexactes. Mais, faute d'autres observations, j'en étais réduit à ne tirer que d'après ses évaluations. A ce moment, nous essuyâmes un feu de grosse artillerie, bien réglé et rapide, de plusieurs bâtiments tirant simultanément. Il était évident que l'ennemi pouvait maintenant nous voir bien mieux que nous ne pouvions le faire. Pour qui n'est pas marin, ceci se comprendra difficilement. Mais, en fait, les différences de visibilité sont, en mer, par temps bouché, extrêmement grandes et varient selon les directions dans lesquelles on observe. Quand on est soi-même dans la brume et que l'on regarde un navire qui en est dégagé, on le distingue mieux que ne vous distingue le navire sorti de la brume. La position du soleil joue un grand rôle dans la visibilité. Dans la brume, les bâtiments qui montrent à l'adversaire leur silhouette dans l'ombre se distinguent mieux que les navires éclairés[1].

Ainsi se déroula un dur et inégal combat. Plusieurs coups de grosse artillerie frappèrent notre navire avec

[1]. Les conditions de visibilité étaient maintenant entièrement en faveur des Anglais et si la flotte britannique ne s'était pas tenue trop éloignée la situation des Allemands aurait pu devenir tragique (*N. du S. II.*).

une force inouïe et explosèrent avec une détonation puissante. Tout le navire tremblait dans tous ses joints quand les projectiles l'atteignaient. Le commandant fit plusieurs évolutions pour échapper à la grêle de projectiles. Le tir n'était pas facile.

Cela dura ainsi jusqu'à 8 h. 29′. A ce moment, le voile de brouillard se déchira par notre travers ; c'était comme un rideau de scène qui s'ouvrait. Et, devant nous, au milieu de la partie de l'horizon libre de brume, se tenait en pleine clarté et avec sa silhouette parfaitement nette un puissant navire de combat : il avait deux cheminées entre les mâts et une troisième collée le long du mât tripode avant. Il suivait à toute vitesse une route à peu près parallèle à la nôtre. Ses pièces étaient braquées sur nous et juste à ce moment une nouvelle salve retentit qui nous encadra parfaitement. « Distance 9 000 mètres ! » hurla le matelot Hänel. « 9 000 ! Salve ! Feu ! » commandai-je et j'attendis avec une tension fiévreuse de voir nos points de chute. « Trop long, — deux coups au but, » crie l'enseigne von Stosch. Je commande : « 100 plus court. Bon. Tir rapide ! » et à peine 30 secondes après la première salve, la suivante s'échappe des pièces. J'observe deux coups courts, deux coups au but. L'enseigne von Stosch crie : « Coups au but ! » Toutes les 20 secondes une salve retentit maintenant ! A 8 h. 31′ le « Derfflinger » tirait sa dernière salve sur ce navire, et pour la troisième fois nous vîmes se dérouler sous nos yeux l'effroyable spectacle que nous avions observé sur la « Queen Mary » et le « Defence ». Comme sur ces autres bâtiments, plusieurs explosions énormes se succédèrent, les mâts s'écroulèrent, des parties du bateau volèrent en l'air, un im-

mense nuage de fumée noire monta au ciel ; des parties
disjointes du navire s'échappa, dans toutes les directions, une poussière de charbon. Des éclairs de flammes
passèrent au-dessus du bateau, de nouvelles explosions
s'ensuivirent, puis notre adversaire disparut à nos regards derrière un mur noir. Je criai dans le téléphone :
« Notre ennemi a sauté ! » Et l'on entendit parmi le
fracas de la bataille retentir, comme un tonnerre, un
hourrah à travers le bâtiment, il sortait de tous les téléphones d'artillerie du blockhaus et se propageait
d'un poste de combat à l'autre. J'envoyai au Tout-
Puissant une chaude et brève prière de remerciement,
criai à mon ordonnance : « Bravo Hänel, bien mesuré ! »
puis je lançai un nouveau commandement : « Changez
d'objectif vers la gauche et visez le deuxième croiseur
de bataille à partir de la droite. » Le combat continuait.

Qui avait été notre adversaire ? Je n'avais guère eu
le loisir de l'observer et d'y réfléchir, mais j'avais pris
ce navire pour un croiseur de bataille anglais. C'est
également ce nom que je lui ai donné quand j'ai déterminé l'objectif, et qui a été noté sur la feuille de tir du
poste central d'artillerie. Mais je n'avais pas le temps
de me livrer à des considérations sur le type du bâtiment tant que nous tirions dessus. C'était en effet une
question de minutes pendant lesquelles il nous eût fallu
l'identifier. Seuls, les officiers et chefs de pièces ainsi
que les officiers torpilleurs ont observé le bateau au
moment de son explosion. L'attention du commandant
et de ses adjoints, officiers de navigation et de signalisation, était entièrement absorbée par la direction du
bateau dans la marche en escadre. Il était difficile de

suivre le « Lützow », à peine capable encore de tenir sa place dans la ligne.

Lors de la rédaction du rapport de combat après la bataille, la plupart des officiers prétendirent que le navire appartenait à la classe des « Queen Elizabeth ». Mon avis était que c'était un bateau de la classe « Invincible », mais je ne prétendais point être sûr de mon fait. Quand on prend un album des flottes de combat et que l'on compare les silhouettes de la classe « Invincible » et de la classe « Queen Elizabeth », on est, au premier abord, frappé par leur étonnante ressemblance. Nous mentionnâmes donc dans notre rapport que nous avions détruit par notre feu, à 8 h. 3o′, un bâtiment de ligne de la classe « Queen Elizabeth ». Le compte rendu officiel du rapport était le suivant : « Le navire a sauté et l'événement s'accompagna des mêmes manifestations que pour la « Queen Mary », à 6 h. 26′. Observation irréfutable du premier et du troisième officier canonnier, du premier officier torpilleur dans le blockhaus avant, du second et du quatrième officier canonnier, du deuxième officier torpilleur dans le blockhaus arrière, et de l'officier observateur d'artillerie dans la hune avant. Bâtiment de la classe « Queen Elizabeth ».

Des prisonniers anglais ont déclaré à Wilhelmshaven, après la bataille : « Un bâtiment de la classe « Queen Elizabeth », le « Warspite », donnant fortement de la bande, a quitté la ligne, s'est replié vers le Nord-Ouest, et à 8 heures du soir, le destroyeur anglais « Turbulent » a enregistré un message de T. S. F., d'après lequel le « Warspite » avait coulé[1].

---

1. Ce cuirassé, ayant eu une avarie de barre, était en effet tombé sous le feu concentré de plusieurs navires allemands. Très malmené il dut quitter la ligne

C'est d'après notre rapport de combat et ces déclarations de prisonniers que le commandement de notre flotte dut alors admettre que le bateau détruit par le « Derfflinger » était le « Warspite » ; et c'est pourquoi le « Warspite », et non pas l' « Invincible », fut déclaré parmi les pertes de nos ennemis. Or, c'était l' « Invincible » qui avait été détruit, mais nous ne l'apprîmes que plus tard par les déclarations de l'amirauté anglaise, et nous ajoutâmes naturellement sa perte à la liste des pertes déjà mentionnées. En fait, nous avions combattu contre l' « Invincible », c'était l' « Invincible » qui fit explosion sous notre feu, et non pas le « Warspite ». Le fait fut bientôt suffisamment démontré par les nouvelles anglaises.

Dès le 3 juin, le « Manchester Guardian » écrivait : « Le rapport de l'amirauté allemande du 1er juin contient un compte rendu honnête et exact des pertes anglaises — toutefois il a mis à la place du croiseur de bataille « Invincible » le nom du bâtiment de ligne « Warspite ».

Le « Times » du 6 juin 1916 rapporte d'après des récits de combattants : « L' « Invincible », bateau-amiral de l'amiral Hood, commandant en second après sir David Beatty, prit pour cible l' « Hindenburg » et, après un combat acharné, dans lequel plusieurs de nos hommes prétendent que l' « Hindenburg » reçut une blessure mortelle, l' « Invincible » coula. »

Or, l' « Hindenburg » était encore en construction. Il était le pendant du « Derfflinger », par conséquent l'observation du combattant anglais est juste, sauf pour

et faire route pour un port anglais qu'il atteignit sans autre incident (*N. du S. H.*).

le nom du bâtiment. C'est le « Derfflinger » qui combattit l' « Invincible » et non pas l' « Hindenburg » qui n'était pas encore achevé.

Le récit d'un des deux officiers sauvés de l' « Invincible », décrit avec une exactitude parfaite le combat d'artillerie entre le « Derfflinger » et l' « Invincible ». Voici le rapport du « Times » du 12 juin 1916 : « Le père d'un des enseignes disparus avec l' « Invincible » a reçu des deux officiers survivants de ce bâtiment la lettre suivante : « Votre fils était auprès de l'amiral et nous nous trouvions engagés dans un combat avec le croiseur de bataille « Derfflinger ». A 8 h. 34' du soir eut lieu une effroyable explosion. Le bâtiment se partagea en deux moitiés et coula en 10 ou 15 secondes. »

Le 13 juin 1916, le « Times » rapporte encore ce qui suit : « On lit dans une lettre du frère du lieutenant Charles Fisher qui a péri : « Nous avons appris par le capitaine de corvette Dannreuther, le seul survivant de l' « Invincible », qu'un obus frappa la soute à munitions et y provoqua une grande explosion. Quand Dannreuther reprit conscience, il se trouvait dans l'eau ; bateau et équipage avaient disparu. »

Ces bâtiments appartenaient à l'escadre de croiseurs de bataille de Hood sur laquelle j'avais tiré à partir de 8 h. 24' à des distances de 6 à 7000 mètres ; cela ressort du rapport officiel de l'amiral Beatty. Celui-ci fait le rapport suivant sur l'intervention de la troisième escadre de croiseurs de bataille, composée des bâtiments : « Invincible », « Indomptable » et « Inflexible ».

« A 8 h. 21' du soir, je donnai l'ordre à la troisième escadre de croiseurs de bataille de se porter en tête. Ce mouvement fut magnifiquement exécuté ; le contre-amiral Hood porta son escadre en tête et l'engagea dans le combat, d'une façon admirable et digne de ses grands ancêtres. A 8 h. 25′ du soir, je changeai ma route et mis le cap Est-Sud-Est pour soutenir la troisième escadre de croiseurs de bataille qui à ce moment n'était plus éloignée du navire de tête ennemi que de 7300 mètres. Nos navires firent pleuvoir sur lui un feu violent, et le détournèrent de sa route au Sud vers l'Ouest. »

Le 5 juin 1916 nous lisons dans une dépêche Reuter d'Edimbourg : « Le combat durait déjà depuis quelques heures lorsqu'apparurent l' « Indomptable », l' « Invincible » et l' « Inflexible ». Cette phase fut surtout un duel entre les calibres les plus lourds. L' « Invincible » se battit bravement, infligea des dommages sensibles à l'ennemi, mais succomba à son destin et coula. »

Si je cite si abondamment, à côté des miennes, les descriptions anglaises de ma lutte contre l' « Invincible », c'est qu'elles confirment mes indications et que les rapports allemands n'ont jusqu'ici pas établi si l' « Invincible » avait été anéanti par le feu d'artillerie ou par une torpille. Ce sont des motifs historiques qui m'obligent à établir que l' « Invincible », comme tous les autres bâtiments perdus par les Anglais dans ces batailles, a été détruit par le feu de l'artillerie.

Le chef de la troisième escadre de croiseurs de bataille qui coula avec l' « Invincible », l'amiral Hood, est un descendant de l'illustre amiral anglais Hood, qui acquit une grande réputation stratégique et tactique dans la guerre de l'indépendance américaine sous les ordres de Graves et de Rodney, puis comme commandant en chef à l'affaire de Saint-Christophe en 1782. Pendant la guerre anglo-française de 1793 à 1802, il commandait en 1793-94 la flotte de la Méditerranée et assiégea Toulon en 1793.

Jusqu'à 8 h. 33′ ma feuille de tir mentionne un feu de grosse artillerie. A 8 h. 38′, je donnai l'ordre : « Vérifier le matériel ! » On ne voyait plus d'ennemis. Nous avions à 8 h. 35′ abattu fortement vers l'Ouest[1]. Après la perte de leur chef, les survivants de la troisième escadre de croiseurs de bataille ne s'exposèrent plus tout de suite à notre feu destructeur. A 8 h. 50′ on commanda dans tout le bâtiment: « Repos aux pièces ! » Une activité fiévreuse commença ; il s'agissait d'éteindre les différents foyers d'incendie du bâtiment. Nous remarquâmes qu'un torpilleur accostait le « Lützow ». Le « Lützow » donnait de la bande, c'est-à-dire qu'il s'inclinait d'un côté et son étrave s'enfonçait beaucoup. Une fumée effroyable sortait à flots de l'avant. L'amiral Hipper quitta le bord. Le torpilleur démarra et mit le cap sur le « Seydlitz ». En passant devant le « Derfflinger » l'amiral signala : « Le commandant du « Derfflinger » conduira l'escadre jusqu'à mon réembarquement.

Ainsi notre commandant devenait le chef des croiseurs de bataille et le resta jusqu'à 11 heures du soir, car l'amiral, par suite de la vitesse vertigineuse à laquelle les croiseurs de bataille se déplaçaient continuellement sous le feu de l'ennemi, ne parvint pas plus tôt à se réembarquer sur un autre bâtiment.

Sur le « Derfflinger » le spectacle était déjà assez triste ! Les mâts et tout le gréement étaient fortement

---

1. L'amiral von Scheer venait de signaler à toute la flotte allemande de virer de bord et de mettre le cap à l'Ouest pour rompre le combat. Ce mouvement ne fut malheureusement pas aperçu par les Anglais, trop éloignés, qui perdirent ainsi le contact pendant près d'une demi-heure (*N. du S. H.*).

avariés par d'innombrables éclats d'obus ; les antennes pendaient en un inextricable fouillis et nous ne pouvions plus utiliser notre T. S. F. que pour la réception. L'émission était devenue impossible. Un gros projectile avait arraché deux plaques cuirassées à l'avant, et y avait créé une énorme voie d'eau de 6 mètres sur 5, juste au-dessus de la flottaison. Par cette voie l'eau pénétrait continuellement dans le bateau pendant les mouvements de sa marche.

Nous mettions le cap à l'Ouest quand le second apparut sur la passerelle et dit au commandant: « Le bateau doit stopper immédiatement. Le filet pare-torpilles a été coupé à l'arrière par un projectile, et il pend juste au-dessus de l'hélice babord, il faut le relever. » Le commandant donna l'ordre : « Toutes les machines stop ! » J'explorai l'horizon au périscope. Dans toute sa largeur, on ne voyait à ce moment rien de l'ennemi. Le « Seydlitz », le « Moltke » et le « Von der Tann » avaient perdu le contact étroit avec nous, mais ils revinrent rapidement et reprirent leur place réglementaire. C'était une question extrêmement délicate que d'être ainsi contraints de stopper dans le voisinage immédiat de l'ennemi ! Mais si le filet pare-torpilles s'embarrassait dans l'hélice, nous étions perdus ; combien de fois, à bord, avions-nous pesté de ne pas nous être encore débarrassés de ces plusieurs centaines de tonnes de lourds filets d'acier. Comme nous ne mouillions presque jamais en pleine mer, ils étaient inutiles[1]. De plus

---

1. Toutes les marines ont maintenant abandonné ces filets pare-torpilles. La nôtre n'avait d'ailleurs jamais manifesté beaucoup d'enthousiasme pour cette protection illusoire. On avait cependant installé ces filets sur nos trois plus récents cuirassés type « Lorraine » (*N. du S. H.*).

ils ne protégeaient qu'une partie du bâtiment contre les torpilles. D'autre part, ils constituaient en haute mer un immense danger pour le navire, car, une fois mis en place, ils ralentissaient fortement sa vitesse et devaient nécessairement finir par s'enrouler autour des hélices, ce qui équivalait à l'anéantissement du bateau. C'est pour ces motifs que les Anglais, bien avant la guerre, avaient supprimé les filets pare-torpilles — nous ne le fîmes qu'après notre expérience de la bataille du Jutland !

Le maitre d'équipage et les armements des tourelles « Dora » et « César », sous la conduite de l'enseigne von Boltenstern, travaillaient comme des enragés pour relever le filet, le saisir avec des chaines et pour raidir les câbles d'acier et les chaînes à coups de maillets. Au bout de quelques minutes, on rendit compte : « Les machines peuvent marcher ! » Nous nous mîmes aussitôt en route. Le « Lützow » avait déjà quitté la ligne, il se dirigea lentement vers le Sud. Le commandant voulut donner aux autres bâtiments le signal : « Suivez le chef de file ! » Mais tous les moyens de signalisation étaient inutilisables. Les vergues à signaux avaient toutes été démolies par le feu, les pavillons du poste de signalisation brûlés, le projecteur à signaux détruit. Mais nos braves camarades de combat suivirent sans avoir reçu de signal lorsque le commandant faisant route au Nord conduisit les croiseurs de bataille devant la pointe de notre gros.

L'interruption de combat dura jusqu'à 9 h. 5′, puis on vit soudain l'éclair de nouveaux coups et l'on entendit derechef retentir à travers le navire : « Aux postes de combat. »

CHAPITRE IX

QUATRIÈME PARTIE DU COMBAT

(*de 9 h. 5' à 9 h. 37'*)

LA COURSE A LA MORT DES CROISEURS DE BATAILLE. L'AMIRAL SCHEER ARRACHE SA FLOTTE A L'ÉTREINTE. ATTAQUE DE TORPILLEURS. DÉCROCHAGE DE L'ENNEMI.

Dans les phases du combat qui précédèrent, nous avions heureusement marché de triomphe en triomphe. Nous avions appris à connaître le combat naval dans toute sa sauvage beauté. Mais l'horreur ne devait pas non plus nous en être épargnée !

Pendant l'interruption de combat, je m'étais tenu, sans même décrocher mon casque téléphonique, sur la passerelle de commandement. « Où est l'ennemi ? » m'écriai-je quand je me retrouvai devant mon périscope. « A bâbord par le travers plusieurs petits croiseurs ! ». Voici ce qu'on me signala. Désireux de réserver ma grosse artillerie pour des objectifs plus importants, je donnai l'ordre au lieutenant de vaisseau Hausser de prendre sous son feu les petits croiseurs avec les pièces de 15 centimètres. Il commença le tir à 7 000 mètres. Entre temps, j'explorai l'horizon. Comme il ne se montrait pas d'autre navire, j'ouvris aussi le

feu avec la grosse artillerie sur un des bâtiments que
l'on m'avait donné pour un petit croiseur. Les bâtiments
ennemis se trouvaient une fois de plus à la limite de la
visibilité. Leur tir devint nourri, et je remarquai que le
bâtiment que j'avais pris pour point de mire lançait
des bordées complètes de ses quatre doubles tourelles!
Les contours de l'ennemi devinrent à un moment plus
nets, et je reconnus, sans pouvoir m'y tromper, que
nous avions affaire à des bâtiments de ligne. C'étaient
des navires de combat de l'espèce la plus grande, armés
de pièces de 38 centimètres. Partout où l'on regardait,
on voyait briller des éclairs.

Cependant, le chef de la flotte avait reconnu le danger qui la menaçait. La pointe de notre flotte était cer-
née en un demi-cercle par la flotte ennemie. Nous nous
trouvions véritablement dans la « chaudière à saucisses ! » Pour nous délivrer de cette position tactiquement
défavorable, il n'y avait qu'un moyen : Retourner la
ligne, faire faire demi-tour à toute la flotte, et prendre la
route opposée. Il fallait, avant tout, sortir de cette dange-
reuse étreinte. Mais cette manœuvre devait passer ina-
perçue et exécutée sans que l'ennemi nous inquiétât.
Croiseurs de bataille et torpilleurs devaient couvrir ce
mouvement de la flotte ! Le chef de la flotte lui lança à
9 h. 12' le signal du virement de bord et de la retraite ;
presque en même temps, il envoya aux croiseurs de
bataille et aux torpilleurs le message historique : « Sus
à l'ennemi ! » Le matelot signaleur lut à 9 h. 13ʰ le message dans notre blockhaus et il y ajouta l'explication
qui accompagnait le signal dans le livre des signaux :
« Éperonnez l'ennemi ! Engagez à fond les bâtiments ! »
Sans broncher le commandant donna l'ordre : « A toute

vitesse en avant ! route sud-est ! » Nous mîmes le cap,
suivis par le « Seydlitz », le « Moltke » et le « Von der
Tann », tout d'abord sur le Sud-Est, puis, à partir de
9 h. 15', au Sud sur la pointe de la ligne ennemie. Alors
se déchaîna, surtout sur le « Derfflinger » qui était en tête,
un feu d'enfer. Plusieurs navires tiraient à la fois sur
nous. Je choisis une cible et tirai de mon côté aussi vite
que possible. Les distances qui furent fidèlement rap-
portées dans le poste central étaient au début de
12000 mètres, puis elles descendirent jusqu'à 8000, et
nous continuions toujours à nous enfoncer de toutes
nos forces dans la chaudière infernale ; nous offrions à
l'ennemi une cible magnifique, tandis que nos adversaires restaient très difficiles à distinguer. Voici comment le capitaine de corvette Scheibe décrit dans son
récit de la bataille cette attaque : « Les croiseurs de bataille qui, pendant le transbordement de l'amiral Hipper,
sont temporairement conduits par le commandant du
« Derfflinger », se lancent à fond et à toute vitesse pour
mener les torpilleurs jusqu'à la ligne ennemie. Une
grêle drue de projectiles les recouvre pendant toute
leur marche en avant. »

Salves sur salves tombaient dans notre voisinage
immédiat, et coup sur coup atteignaient notre navire.
Ce furent des minutes très émouvantes. Je n'avais plus
aucune liaison avec l'enseigne von Stosch, les téléphones et porte-voix qui me reliaient à la hune avant
étaient coupés. J'en étais réduit pour le tir à mes propres
observations des points de chute. J'avais, jusqu'ici, tiré
avec les 4 tourelles quand, à 9 h. 13', se produisit une
épouvantable catastrophe. Un obus de 38 centimètres
traversa la cuirasse de la tourelle « Cesar » et fit explo-

sion à l'intérieur. Il coupa les deux jambes du vaillant commandant de la tourelle, l'enseigne de 1re classe von Boltenstern, et presque tout l'armement des pièces fut tué en même temps que lui. Des éclats mirent le feu à une grosse et à une moyenne gargousse. La flamme des gargousses incendiées jaillit dans la chambre de distribution, où elle mit le feu à deux grosses charges et à deux moyennes, réparties de chaque côté ; de là elle pénétra dans la chambre aux gargousses où deux charges principales de grosse artillerie et deux d'artillerie secondaire prirent également feu. Les gargousses brûlaient avec de grandes langues de flammes qui sortaient de la tourelle à la hauteur d'une maison — mais elles ne firent que brûler, elles n'explosèrent pas, comme cela avait été le cas chez l'ennemi ! Ce fut le salut de notre bâtiment ! Malgré tout, cet incendie eut l'effet d'une véritable catastrophe. Les immenses flammes tuèrent tout ce qu'elles atteignirent. Des 78 hommes de l'armement, 5 seulement parvinrent à se sauver par le trou pratiqué pour l'expulsion des douilles, et encore étaient-ils en partie grièvement blessés. Les autres 73 hommes moururent tous ensemble en pleine fièvre du combat, d'une mort héroïque, pendant qu'ils remplissaient fidèlement leur devoir et exécutaient les ordres du commandant de la tourelle[1].

Quelques instants après cette catastrophe, en survint une autre. Un obus de 38 centimètres frappa le toit de la tourelle « Dora », le transperça et explosa également à l'intérieur. On vit se renouveler l'effroyable spectacle :

[1]. Le « Derfflinger » dut son salut au fait que les Allemands, prévenus du danger par un grave incident survenu à bord du « Seydlitz » dans un combat antérieur, avaient pris de grandes précautions pour empêcher la propagation des incendies dans les soutes à poudre (*N. du S. H.*).

A l'exception d'un seul homme qui fut projeté pendant l'explosion, par la pression de l'air, hors de la tourelle par le panneau, tout l'armement de la tourelle, y compris les hommes des chambres à munitions, à l'effectif de 80 hommes, fut tué sur le coup. Sous la conduite de leur vaillant commandant, le chef de pièce Arndt, ils avaient lutté en héros jusqu'à la dernière seconde. Là aussi, les langues de flammes avaient pénétré dans les profondeurs de la chambre à gargousses, y avaient mis le feu à toutes les gargousses qui ne se trouvaient plus dans leurs récipients protecteurs, ainsi qu'à quelques gargousses de gros calibre. On vit alors sortir des deux tourelles arrière des flammes hautes comme des maisons; elles montèrent vers le ciel, mélangées de masses de fumée. C'était comme deux effroyables torches funéraires.

A 9 h. 15′ on m'annonça du poste central d'artillerie : « Danger de gaz dans le poste central de la grosse artillerie. Le poste doit être évacué. » Je m'effrayai un peu. Il fallait que cela aille mal dans le bâtiment pour que les gaz pénétrassent déjà dans le poste central d'artillerie, si parfaitement étanche. Je donnai l'ordre : « Couplez sur le blockaus avant », et je m'assurai que les appareils d'artillerie avaient bien été couplés sur le blockhaus avant l'évacuation du poste central. Je ne pouvais plus maintenant conduire l'artillerie qu'en envoyant mes ordres par porte-voix à un matelot transmetteur d'ordres assis sous la tôle perforée sur laquelle je me tenais. Celui-ci les transmettait directement par ses téléphones et télégraphes d'artillerie aux tourelles. Le bruit des voix en était naturellement augmenté dans le blockhaus, mais c'était malgré tout pour moi la possibilité de diriger l'artillerie.

On entendait résonner les coups l'un après l'autre à leur arrivée sur notre navire! Le tir de l'ennemi était parfaitement réglé. Mon cœur se serrait quand je songeais aux scènes qui devaient se passer à l'intérieur du bâtiment! Jusqu'ici tout avait très bien marché dans le blockhaus cuirassé... Mes pensées furent brutalement interrompues. Ce fut soudain comme la fin du monde. Un grondement effroyable, une puissante détonation, puis la nuit tout autour de nous ; nous ressentîmes un coup horrible, toute la tourelle de commandement fut saisie comme par des poings gigantesques, lancée en l'air, et rebondit ensuite toute frémissante pour revenir à sa position primitive. Un obus de gros calibre avait atteint le blockhaus d'artillerie à environ 5o centimètres de moi. L'obus fit explosion mais ne put perforer l'épaisse cuirasse, car il l'avait frappée sous un mauvais angle. Cependant il avait arraché des morceaux entiers à la cuirasse. Des gaz empoisonnés, verts et jaunes, pénétrèrent par nos fentes de vision dans le blockhaus. Je crie : « Mettez les masques! » et aussitôt chacun se couvre le visage. Je continue à diriger le feu avec mon masque rabattu, bien qu'il me soit difficile de me faire comprendre. Mais les gaz se dissipent bientôt, nous retirons nos masques avec précaution, nous nous assurons que les appareils d'artillerie sont bien en ordre. Rien n'est détruit! Mêmes les petits mécanismes de pointage ont par miracle résisté, grâce à leurs ressorts[1]. Quelques éclats avaient pénétré par les fentes de vision dans le blockhaus de commandement avant et y avaient blessé quelques personnes, entre

---

1. La résistance des appareils de transmission montés sur ressorts avait déjà été constatée dans des tirs d'expérience (*N. du S. H.*).

autres l'officier des montres. L'énorme choc avait fait
sauter la lourde porte cuirassée du blockhaus de
commandement qui restait grande ouverte. En vain,
deux hommes s'efforcèrent de la refermer, c'était tout
à fait impossible tant elle était faussée. A ce moment
intervint une aide inattendue. Nous entendîmes une
nouvelle effroyable détonation, et le tonnerre d'une
explosion d'un obus de 38 sur la passerelle de commandement. Des plaques entières volent en l'air, une
immense pression d'air jette tout ce qui n'est point
riveté par-dessus bord. C'est ainsi que la chambre
des cartes disparaît avec toutes les cartes et appareils, et — last but not least — avec mon beau manteau que j'y avais suspendu. Il se passe alors quelque
chose d'étonnant : L'effroyable choc de l'obus de 38
qui éclate referme la porte cuirassée du blockhaus
d'artillerie! Quels gens polis, ces Anglais! Ils nous
avaient ouvert la porte, ils la referment. Mais tout
cela était-il bien intentionnel? En tout cas nous en
fûmes fort heureux.

Je recherchai de nouveau l'ennemi avec mon périscope. Les salves continuaient à taper auprès de nous,
mais nous ne pouvions presque rien voir de l'ennemi
qui nous cernait en un grand demi-cercle. La seule
chose que l'on distinguait bien étaient les immenses
flammes d'un rouge d'or du feu à l'embouchure des
pièces. On apercevait rarement les coques des bâtiments. Je fis télémétrer la distance des feux aux embouchures. C'était la seule possibilité que nous avions de
déterminer la distance de l'ennemi. Sans grand espoir
de faire bien du mal à l'adversaire, je fis tirer salve sur
salve par les deux tourelles avant. Mais je sentais que

notre tir calmait les nerfs de nos hommes[1]. Si nous
n'avions pas tiré, l'équipage entier, à ces moments-là,
se serait abandonné à un immense désespoir, car tous
remarquaient bien que si cela durait encore ainsi quelques minutes de plus, nous étions perdus. Mais tant que
nous tirions, cela ne pouvait pas aller trop mal. L'artillerie moyenne tirait également, mais sur les 6 pièces
de chaque bord il n'en restait plus que deux d'utili-
sables. La volée de la quatrième pièce avait éclaté par
suite de l'explosion d'un coup avant le départ, et la
troisième pièce était complètement détruite. Les deux
pièces de 15 centimètres encore intactes tiraient vigoureusement avec nous.

Malheureusement l'appareil de pointage de la tourelle « Bertha » refusa le service. Il ne restait plus
qu'une seule tourelle que je pouvais pointer sur
l'ennemi au moyen de mon périscope. La tourelle
« Bertha » recevait du poste central les indications de
l'appareil de contrôle qui lui transmettait constamment
la direction de mon périscope ; c'était une sorte de
point de repère pour le chef de la tourelle, mais cela
était, naturellement, insuffisant, étant donné le mouvement continuel du bâtiment. A la longue, le chef de la
tourelle était incapable de discerner l'ennemi avec ses
jumelles. On ne voyait plus, à vrai dire, que les yeux
enflammés, ouverts de temps à autre par le monstre en
face de nous — au moment où il tirait une salve. Je
continuai de tirer sur un bâtiment qui nous lançait

1. Il n'est pas surprenant que les effets du tir allemand, dans ces conditions,
aient été à peu près nuls. Un seul cuirassé de la Grand Fleet, le « Colossus »,
reçut un unique projectile, tandis que les Allemands souffrirent beaucoup, l'éclairage étant entièrement en faveur des Anglais (N. du S. H).

alternativement un double coup de deux tourelles. Le feu à l'embouchure des pièces ressemblait à deux grands yeux de flammes. Soudain, une idée me traversa l'esprit, et je me souvins où j'avais déjà vu cela. Le tableau de Sáscha Schneider « *Le sentiment de l'indépendance* » avait éveillé en moi des sentiments analogues à ceux que j'éprouvais en ce moment. Il représente un monstre noir aux contours indécis, qui, sommeillant, dirige par moments ses regards de feu sur un homme enchaîné et s'apprête à le saisir dans un mortel embrassement. Notre situation actuelle m'apparaissait peu différente. Et pourtant il fallait livrer jusqu'au bout le combat contre le monstre. La tourelle « Anna », sous le commandement de son brave chef Weber — j'avais envoyé le chef de la tourelle remplacer au blockhaus arrière le quatrième officier canonnier absent — poursuivait sans répit son tir, ainsi que la vaillante « Schülzburg », mais celle-ci tirait fréquemment, à vrai dire, sur un autre but que celui que je commandais. Sans appareil de visée, il était impossible de faire continuellement tirer les deux tourelles sur le même feu d'embouchure des pièces ennemies.

A 9 h. 18′ nous reçûmes l'ordre, par T. S. F, du chef de la flotte : « Manœuvrez sur la pointe ennemie. » Cela voulait dire que nous ne devions plus courir sus à l'adversaire, mais mener un combat parallèle avec les bâtiments de pointe ennemis. Nous abattîmes à ce moment dans la direction sud-ouest[1]. Malheureuse-

---

1. C'était une interprétation par trop large du signal, la route parallèle aux Anglais étant le Sud et non le Sud-Ouest. Mais le malheureux « Derfflinger » n'en pouvait plus (*N. du S. H.*)

ment, l'ennemi se trouvait tellement par notre arrière que je ne pouvais plus le voir du blockhaus avant. La conduite du tir aurait donc dû passer au blockhaus arrière. Mais le couplage nécessaire ne pouvait être exécuté qu'au poste central. Or, celui-ci n'était pas momentanément en état de fonctionner. Il ne restait donc pour le moment aucune possibilité de diriger les deux tourelles avant, car elles entraient seules en ligne de compte. Je donnai l'ordre: « Liberté de tir pour les tourelles ! » Et pendant un certain temps les deux tourelles tirèrent pour leur compte sous la direction de leurs chefs. Je remarquai que la tourelle « Bertha » avait rapidement repéré la cible qui se trouvait tout à fait par l'arrière, et la prenait sous un feu nourri. La tourelle « Anna » prit bientôt part au feu. Pendànt un moment, l'ennemi se trouvait juste derrière nous ; ainsi, les tourelles avant ne pouvaient pas l'atteindre, car leur champ ·de tir n'était que de 220°. Nous ne pouvions donc plus nous défendre. Au moment où nous virions de bord, l'officier torpilleur lança une torpille à 8 000 mètres. Au même moment, les torpilleurs, qui jusqu'ici étaient restés derrière nous, attaquèrent. Plusieurs flottilles à la fois partirent à l'attaque. Une épaisse fumée s'étendit entre nous et les « monstres » ennemis. Le chaos sauvage d'une bataille s'offrit une fois de plus à nos regards. Il était difficile de distinguer ennemis et amis. Sans cesse, de nouveaux torpilleurs plongeaient dans la fumée, disparaissaient, réapparaissaient pour de courts instants. D'autres bâtiments revenaient bientôt, ils avaient déjà tiré leurs torpilles. Les flottilles se réunirent derrière nous après l'attaque et attaquèrent une seconde fois. L'ennemi disparut alors à nos yeux, et ses coups cessèrent.

Nous poussâmes un soupir de soulagement[1]! Le feu
ennemi continuait de tonner et de faire rage comme
avant, mais nous ne servions plus de cible à l'adversaire.
Le rédacteur de ma feuille de tir avait dû évacuer à
9 h. 15′, comme les autres, le poste central, et aucune
feuille n'a malheureusement été tenue pour cette phase
du combat. A 9 h. 23′, on rendit compte du poste central : « Le poste central est occupé à nouveau ! » J'appris
par la suite que l'empoisonnement par les gaz avait été
provoqué par d'épaisses fumées jaunes qui jaillissaient
des porte-voix de la tourelle « Cesar » au poste central.
Dans l'ardeur du combat, personne ne les avait à
l'instant remarquées ; tout d'un coup, le poste entier en
fut plein. Tous se précipitent sur leurs masques.
L'officier de transmission d'ordres, l'enseigne Hoch,
commande encore : « Couplez les appareils d'artillerie
sur le blockhaus avant, puis faites évacuer le poste. »
Immédiatement après, le vaillant mécanicien Schöning,
muni d'un masque à gaz soigneusement assujetti,
pénètre de nouveau dans le poste. Il cherche à tâtons
son chemin au milieu des masses de gaz empoisonnés
qui remplissent entièrement la pièce, se dirige vers les
porte-voix et les bouche avec des cales de bois. Entre-
temps, on met en mouvement la ventilation électrique
et au bout de quelques minutes on y voit dans le poste ;
les gaz sont aspirés, et les transmetteurs d'ordres
regagnent leurs postes.

Il était grand temps que le combat s'interrompît !

---

1. C'est à ce moment si critique pour la flotte allemande que l'amiral Jellicoë
exécuta sa fameuse manœuvre de dérobement (Turn away) qui lui a été tant repro-
chée par les critiques navals anglais. Cette manœuvre ne réussit pas à mettre la
flotte anglaise hors de portée des torpilles, mais lui fit perdre pour la seconde fois
la vue de l'ennemi, et le contact ne fut plus repris par la suite (N. du S. II.).

A 9 h. 37', comme aucun navire ennemi n'était plus en vue, on put commander : « Interruption de combat. » Tous les armements des pièces purent remonter sur le pont pour éteindre les incendies. Le poste de commandement avant était entièrement enveloppé de flammes et de fumée, les armements des pièces de 15 reçurent l'ordre d'éteindre le feu. La lutte d'artillerie s'interrompait, mais, à bord, il fallait continuer une lutte obstinée contre l'eau et le feu. On avait bien, autant que possible, supprimé du navire tout ce qui était combustible, mais le feu trouvait, malgré tout, un aliment, particulièrement dans le linoléum, les ponts de bois, les revêtements et la peinture. Vers 10 heures, nous étions, somme toute, maîtres des éléments hostiles, l'incendie ne fumait plus qu'à quelques places. Les tourelles « Cesar » et « Dora » laissaient encore échapper de la fumée, et, par moments, des flots de gaz épais et jaunes, mais cela aussi cessa peu à peu quand les chambres à munitions furent inondées. Jamais personne d'entre nous n'aurait cru qu'un navire pût supporter tant de coups de grosse artillerie ! Nous déterminâmes après la bataille environ 20 coups de 38 centimètres, et autant de calibres plus petits. La force de résistance de nos navires, jointe à leur puissance offensive, est comme un magnifique hommage rendu aux constructeurs de notre flotte, particulièrement au génie du grand-amiral von Tirpitz[1].

On ne voyait plus le « Lützow » ; à 9 h. 20', on nota au blockhaus arrière : « Cible cachée par l'épaisse

---

1. Cette opinion de von Hase sera partagée par tous les marins. Les croiseurs de bataille allemands étaient incontestablement des bâtiments tout à fait remarquables sauf sous le rapport de la vitesse (*N. du S. H.*).

fumée du « Lützow », puis le bâtiment en flammes avait disparu à mesure que la visibilité devenait plus mauvaise[1].

Mais nos camarades de combat « Seydlitz », « Moltke » et « Von der Tann » étaient encore près de nous. Eux aussi étaient mal arrangés. Le « Seydlitz » était le plus mal en point. Sur lui également on voyait des flammes de la hauteur d'une maison sortir d'une tourelle. Il y avait des incendies sur tous les bâtiments. L'avant du « Seydlitz » plongeait profondément dans l'eau. Quand l'amiral Hipper accosta le « Seydlitz » avec son torpilleur, il apprit qu'il ne possédait plus d'installation de T. S. F. et que le bateau contenait déjà plusieurs milliers de tonnes d'eau. Il voulut alors passer sur le « Moltke » que commandait le capitaine de vaisseau von Karpf, ancien commandant du « Hohenzollern ». Quand il voulut y prendre passage, le bateau était exposé à un tel feu d'enfer qu'il était impossible au commandant de réduire la vitesse. L'amiral Hipper demanda également au « Derfflinger » quelles étaient ses avaries de combat. On lui répondit : « Nous ne tirons plus qu'avec deux pièces de 30cm,5 et deux pièces de 15 centimètres bâbord, 3 400 tonnes d'eau dans le bateau. Tous les moyens de signalisation détruits, sauf la réception de T. S. F. » Voyant cela, l'amiral renonça à monter à notre bord[2]. Il embarqua sur le « Moltke », dès que la situation du combat le permit. Mais, pen-

---

1. Le « Lützow » dut être abandonné le lendemain matin et achevé par la torpille, ses avaries ne permettant pas de le ramener au port (N. du S. H.).

2. On voit en quel état étaient ces deux navires et quelles proies faciles ils eussent été pour la Grand Fleet si elle avait continué le combat ! Le « Seydlitz » réussit à gagner Wilhelmshaven par un véritable tour de force qui fait honneur aux marins allemands (N. du S. H.).

dant toute la quatrième phase du combat, c'est le commandant du « Derfflinger » qui conduisit les croiseurs de bataille. Le nom du capitaine de vaisseau Hartog est lié pour l'éternité à la course à la mort des croiseurs de bataille du Jutland.

Sur tous nos croiseurs un grand nombre de braves gens avaient été emportés. Des centaines avaient subi la mort des héros pendant cette fière attaque. Mais nous avions brillamment rempli notre mission et, avec les flottilles de torpilleurs, couvert la manœuvre de retraite de la flotte. L'amiral Scheer put ainsi arracher sa flotte intacte à l'étreinte qui la menaçait.

Le croquis n° 2 montre le chemin parcouru par la flotte. On peut y voir que, jusqu'à 7 h. 48', la flotte, en formation par échelons, mit le cap nord-ouest, puis, jusqu'à 8 h. 35', fit route en ligne de file vers le Nord-Est. A 8 h. 35', la flotte abattit une première fois à l'Ouest, mais vira ensuite à l'Est pour ne point laisser en plan le « Wiesbaden » incendié et qui continuait à essuyer le feu le plus violent. A 9 h. 17', elle termina l'évolution à l'Ouest, commandée à 9 h. 12', et, par là, échappa, sous la protection des croiseurs de combat et des flottilles de torpilleurs, à l'étreinte en demi-cercle. Dans le combat sont intervenus les bâtiments qui se trouvaient le plus en tête ; ce sont ceux de la troisième escadre, lorsque, après 7 h. 48', ils engagèrent le combat avec les navires de la classe « Elizabeth », et, de nouveau, au moment où, après leurs marches en avant, terminées à 8 h. 35' et à 9 h. 17'[1], ils mirent le cap à

---

1. La flotte anglaise se trouva placée à ce moment dans une situation tactique incomparable et, sans le fatal « Turn away » exécuté à 19 h. 20 sous la menace des torpilles elle aurait sans doute remporté une grande victoire (*N. du S. H.*).

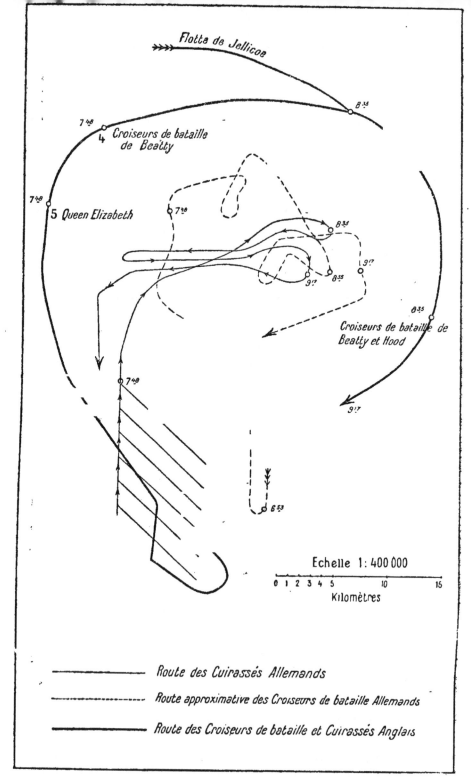

Flotte de Jellicoe

8.35

7.48
4 Croiseurs de bataille
de Beatty

7.48
5 Queen Elizabeth

7.48

8.35

9.17

9.17

8.35

9.17

8.35
Croiseurs de bataille de
Beatty et Hood

7.48

9.17

6.53

Echelle 1: 400 000

0 1 2 3 4 5   10   15
Kilomètres

———————— Route des Cuirassés Allemands

— · — · — · — Route approximative des Croiseurs de bataille Allemands

———————— Route des Croiseurs de bataille et Cuirassés Anglais

CROQUIS II DE LA BATAILLE DU JUTLAND.

l'Ouest, et vinrent à portée de feu de la flotte anglaise
qui les entourait en demi-cercle. La première escadre,
qui se trouvait au milieu de la ligne, n'a pas eu à tirer
pendant la bataille de jour, mais elle a eu à supporter
le poids principal du combat de nuit. La deuxième
escadre, par suite de sa vitesse plus faible, était restée
à plusieurs milles en arrière. C'est par hasard que, pendant la dernière phase, elle soit encore intervenue dans
le combat, comme je le raconterai par la suite. L'excel-
lence de la disposition et de la conduite tactique de notre
flotte a permis, dans les principaux engagements, d'op-
poser constamment aux navires anglais nos bâtiments
les plus modernes et les mieux armés. C'est seulement
cela qui nous permit, pendant la bataille proprement
dite, de ne perdre irrémédiablement aucun bâtiment —
le « Lützow », gravement avarié, fut abandonné, le lendemain de la bataille, par tout son équipage, et torpillé par nous-mêmes — au contraire, les Anglais
perdirent trois de leurs meilleurs navires. Ce fait est
une preuve magnifique de l'habileté tactique consommée
de l'amiral Scheer et de son génial chef d'état-major,
le contre-amiral von Trotha[1].

1. L'admiration de von Hase pour l'habileté tactique de son chef ne sera pas partagée par tous les marins. De l'aveu même de von Trotha la manœuvre exécutée
par l'amiral von Scheer pour se décrocher fut de celles que l'on peut citer comme
modèle à ne pas imiter. Il y avait certainement mieux à faire que de foncer à angle
droit sur le centre de la ligne anglaise. Cette manœuvre réussit parce que lord
Jellicoë se laissa intimider par l'apparition d'une douzaine de torpilleurs allemands, mais elle aurait dû normalement causer la perte de la flotte germanique
(N. du S. H.).

CHAPITRE X

CINQUIÈME PARTIE DU COMBAT
(de 9 h. 37' à 10 h. 35')

LA NUIT DU 31 MAI AU 1ᵉʳ JUIN. DERNIÈRE LUTTE D'ARTILLERIE. COMBAT DE NUIT. COULAGE DU « POMMERN ».

Aux émotions intenses de notre marche « sus à l'ennemi » suivit une interruption de combat qui dura jusqu'à 10 h. 22'. Nous en profitâmes pour faire sur le « Derfflinger » nos préparatifs pour la nuit. Presque tous les projecteurs avaient été détruits. A tribord nous en avions encore un, et deux à bâbord. « Le petit sorcier » et ses aides avaient de l'ouvrage par-dessus la tête et bien de la peine à satisfaire à toutes les demandes qui les assaillaient. Je restai sur la passerelle de commandement, m'attendant constamment à un nouveau choc. A chaque périscope se tenait un marin explorant l'horizon, toutes les jumelles étaient braquées.

Vers 10 heures, nous aperçûmes notre première escadre en marche vers le Sud. Notre commandant, qui avait encore à ce moment-là la direction des croiseurs de bataille, dirigea notre escadre sur la pointe de notre gros pour en prendre la tête. Les autres croiseurs de

bataille suivirent le « Derfflinger » sans signal spécial.
Au moment où nous exécutions ce mouvement, nous
essuyâmes soudain, ainsi que la première escadre, un
feu sévère du Sud-Est. La nuit tombait déjà, la visibilité décroissait encore. « Navires parés pour le combat »,
tel est le cri qui retentit à travers tous les postes, et,
au bout de quelques secondes, nous avions déjà braqué
la tourelle « Anna » sur le but et tiré un coup. La tourelle « Bertha », étant donnée l'obscurité régnante, ne
pouvait plus pointer. Je tirais donc avec « Anna » aussi
vite que je pouvais. Mais à ce moment elle dut également s'arrêter. Un gros projectile effleura la tourelle
et tordit la couronne d'étanchéité ; la tourelle se coinça.
Notre dernière arme menaçait de nous échapper !

Avec une grande décision, le chef de pièce Weber
s'élança hors de la tourelle, et, aidé de quelques sous-
officiers et matelots, enleva à coups de hache et de
maillet la partie tordue ; la tourelle put reprendre le
tir. Elle pouvait, tout au moins, tirer de temps en temps.
Je ne tirais plus guère qu'à distance estimée. Le télémétriste du poste d'observation ne parvenait que rarement à mesurer la distance de l'éclair d'un coup de
départ. Je tirais à des distances de 8 000, 6 000, 10 000
et ainsi de suite. Impossible d'observer les points de
chute. Nous étions à nouveau dans une situation extrêmement pénible. Nous reçûmes à ce moment du secours
d'où nous l'avions le moins attendu. Notre deuxième
escadre, composée de vieux bâtiments de la classe
« Deutschland » s'était trouvée, après le virement de
bord de la flotte, vers le Sud en pointe de la flotte. A ce
moment, l'amiral Scheer estima l'instant propice pour
grouper la flotte dans une formation tactique convenable

à la marche vers le Sud. La deuxième escadre reçut donc l'ordre de se placer derrière les deux escadres modernes. Son chef était justement en train d'exécuter cet ordre quand il. fit passer son escadre par l'Ouest du reste de la flotte et de nous. Ce mouvement l'amena entre nous et l'ennemi qui nous pressait. Celui-ci vit tout à coup six grands bâtiments foncer sur lui à grande vitesse. En même temps nos infatigables torpilleurs attaquèrent une fois de plus. C'en était trop : l'ennemi vira de bord, disparut dans la pénombre. C'était son adieu ! Une grande joie nous envahit quand nous nous vîmes ainsi soulagés brusquement. Je vis tous les bons amis de mon ancienne escadre arriver, le brave « Hessen », sur lequel j'avais passé cinq ans, le « Pommern », le « Schleswig-Holstein » et autres. Tous tirèrent vigoureusement et essuyèrent également un feu nourri. Mais cela ne dura que peu de temps, car l'ennemi en avait assez. S'il s'était douté des navires qui arrivaient, je crois qu'il n'aurait pas fait demi-tour. C'étaient en effet les célèbres « Five-minutes-ships », ceux dont les Anglais avaient dit qu'ils ne voulaient pas mettre plus de cinq minutes à s'en débarrasser. Et c'était devant eux qu'ils s'enfuyaient bravement [1] !

A 10 h. 31' du soir mon fidèle chronométreur enregistra le dernier coup de grosse artillerie tiré par le « Derfflinger » par une dérive de 244° et à une distance de 7 500 mètres. La longue journée de ces parages septentrionaux s'achevait. C'était le commencement de

---

1. Von Hase, d'ordinaire plus sérieux, donne de cet incident, peu glorieux pour les Allemands, une version tout à fait fausse. Ce ne furent pas les Anglais mais les Allemands qui s'enfuirent bravement devant les six croiseurs de bataille de l'amiral Beatty, complètement isolés de la Grand Fleet (*N. du S. II.*).

la courte nuit qui ne durait que de 11 heures à 2 heures.

Pour la nuit, les croiseurs de bataille reçurent l'ordre : « Ne pas quitter la ligne. » Nous avions donc la mission pleine d'honneur de couvrir le derrière de la flotte dans sa marche vers le Sud. Je ne sais pas où le « Seydlitz » et le « Moltke » ont été cette nuit-là. Le « Seydlitz » avait déjà bien du mal à ne pas couler à la suite de ses sévères avaries. Ce n'est qu'au prix des plus grands efforts que l'équipage, sous la conduite de son énergique commandant, le capitaine de vaisseau von Egidy et son excellent second, le capitaine de corvette von Alvensleben, parvint à ramener le bâtiment à Wilhelmshaven, deux jours après la bataille.

Seuls, le « Derfllinger » et le « Von der Tann », se rassemblèrent à l'extrémité de la ligne. Nous nous paraissions d'ailleurs à nous-mêmes ne pas constituer une couverture bien solide ! Notre côté tribord était notre beau côté. Les six pièces de 15 centimètres étaient encore toutes intactes. Mais c'était bien peu qu'un seul projecteur. A bâbord, il n'y avait plus que deux pièces de 15 centimètres à pouvoir tirer. Aussi devions-nous implorer avec ferveur les torpilleurs anglais de ne nous attaquer autant que possible que par tribord. Nous pouvions de ce côté leur préparer une bonne douche !

Le ciel était couvert et la nuit finit malgré tout par devenir sombre. Les officiers avaient quitté le block-haus de commandement et se tenaient sur la passe-relle. Le commandant sortit. Il me serra cordialement la main avec ces mots : « Vous vous en êtes bien tiré ! » Ces paroles eurent pour moi plus de valeur que toutes les récompenses qui me furent par la suite décernées. Le temps commençait à fraîchir, le commandant fit monter une bouteille de Porto, on emplit les verres, et les officiers trinquèrent à cette journée. J'envoyai mon ordonnance sous le pont voir quel était l'état de ma chambre, et me chercher un autre manteau. Hänel revint avec le manteau et m'annonça rayonnant : « Votre chambre, capitaine, est la seule intacte. Toutes les autres sont complètement détruites ! » Son visage débordant de joie me rappela le dicton :

O Saint-Florian,
Protège ma maison, et mets le feu aux autres !

Nous étions l'avant-dernier bateau de cette longue ligne et nous pouvions admettre que nous serions épargnés par les attaques de torpilleurs qui se déclanchent presque toujours par l'avant. En fait, pendant toute la nuit, un seul destroyeur anglais s'est frayé un chemin jusqu'à nous. Tous les autres avaient été coulés ou refoulés par les bâtiments qui nous précédaient. Je ne puis dire grand'chose de ces combats de nuit, car nous étions assez à l'écart. En fait, on tira toute la nuit. Il faut reconnaître que les torpilleurs anglais ont lancé attaque sur attaque avec un cran admirable. Et pourtant les résultats qu'ils obtinrent furent à peu près nuls. Le seul bâtiment allemand qui fut coulé pendant la nuit même est le petit croiseur « Frauenlob ». Et encore n'a-t-il pas été coulé par les torpilleurs, mais par le feu d'artillerie d'un croiseur anglais qui l'acheva d'une torpille. Ce n'est qu'à l'aube que les torpilleurs anglais réalisèrent un succès. L'un d'eux réussit à atteindre et à couler à grande distance le « Pommern ».

De notre position, nous pouvions considérer en toute tranquillité les combats qui se déroulaient en partie très loin de nous. On voyait l'éclair des projecteurs illuminer les torpilleurs qui s'élançaient à l'attaque à toute vitesse. Bâtiments et torpilleurs tiraient avec leur artillerie, des colonnes d'eau hautes comme des maisons s'éclairaient, d'épais nuages de fumée passaient devant les bâtiments. Mais les détails nous échappaient. Nous nous rendîmes pourtant compte du résultat du combat quand nous vîmes passer devant nous à la dérive, les uns après les autres, des bateaux en flammes enveloppés de rouges lueurs. Je pensais alors à ces torches vivantes que les Romains faisaient courir devant eux, toutes brûlantes, dans leurs cruelles orgies. Toutes les parties en fer des bâtiments étaient d'un rouge flamboyant ; les bateaux avaient l'aspect de délicats objets de filigrane d'un rouge d'or. Si le feu se propagea avec une telle rapidité sur les bateaux anglais, c'est qu'ils n'avaient que la chauffe au pétrole. Le pétrole enflammé se répandait, rapidement grâce au fort roulis, sur toutes les parties du destroyer. Nous pouvons ainsi avoir vu une dizaine de bâtiments dériver sous nos yeux. Nous les considérions avec des sentiments confus. Car nous n'étions pas sûrs qu'il n'y eût point parmi eux de bateaux allemands. En fait, aucun n'a été coulé cette nuit-là. Nos torpilleurs étaient partis à la recherche de la flotte ennemie. Il est étonnant et extrêmement regrettable qu'ils aient recherché la grande flotte anglaise pendant toute la nuit et ne l'aient point trouvée, bien qu'ils connussent son point de départ exact[1].

---

1. Les torpilleurs allemands furent lancés dans le secteur compris entre le Sud et l'Est alors que la flotte anglaise passait graduellement dans le Sud-Ouest de la flotte allemande (*N. du S. H.*).

Quand le tir à l'avant se fut un peu calmé, j'entendis, pendant que je me tenais à côté du commandant, le bruit d'un torpilleur à turbines qui marchait sur nous à grande vitesse. C'était par tribord. Bientôt nous vîmes émerger, environ à quatre quarts par tribord, un objet noir. Fallait-il éclairer notre seul projecteur et par là nous trahir ? Ou valait-il mieux attendre d'être éclairés par le destroyer pour révéler notre position au départ de son coup ? Je proposai rapidement au commandant de ne pas faire allumer le projecteur. Il fut de cet avis et le destroyer glissa devant nous. Il était tout près et seulement à trois ou quatre cents mètres, mais il n'éclaira pas et ne tira ni avec son artillerie ni avec ses torpilles. Notre matelot arrière, le « Von der Tann », nous imita. L'officier canonnier me raconta qu'on y avait également craint, comme sur le « Derfflinger », de s'attirer par la lueur des projecteurs toute la meute des torpilleurs. Ne nous vit-on pas sur le destroyer anglais ? Avait-il déjà tiré ses torpilles ? Avait-il essuyé déjà à l'avant un feu si violent qu'il ne pensait plus qu'à s'échapper ? Je n'en sais rien ! « Ships that pass in the night ! »

Ainsi s'écoula la nuit et l'on vit poindre le jour. A 2 h. 15′, un bateau en flammes dériva devant nous ; ce devait être le croiseur cuirassé anglais « Black Prince ». Le bateau tout entier n'était qu'un flamboiement. Depuis longtemps déjà, il ne devait plus y avoir personne de vivant à bord. A 3 h. 10′, nous entendîmes deux grandes détonations sur bâbord, mais ne pûmes découvrir ce qui s'était passé. Nous dûmes stopper fréquemment, car les nombreuses attaques de torpilleurs mettaient du désordre dans toute la ligne. Nos bâtiments, en échappant aux attaques et en pénétrant dans les torpilleurs ennemis, sortaient de la ligne, décrivaient des cercles et étaient ensuite contraints de rentrer dans la ligne à un point quelconque. C'est ainsi que le « Nassau » qui, au début, était le second de la ligne, finit par en être le dernier bâtiment et à devenir ainsi notre matelot avant. Ce n'était pas une petite tâche pour notre officier des montres et l'officier de quart de maintenir constamment le navire à une distance correcte de la ligne et à ne point la perdre dans l'obscurité.

Quand les premières lueurs du matin apparurent, nous crûmes bien engager à nouveau le combat avec toute la flotte anglaise. Nous avions fait tous nos préparatifs pour le combat de jour ; l'appareil de pointage de la tourelle « Bertha » avait été réparé par le « petit sorcier » et ses fidèles compagnons.

Ainsi, nous nous tenions dans le blockhaus de commandement et nos regards plongeaient dans la nuit et dans l'aube. Les attaques de torpilleurs semblaient avoir cessé. Soudain — il était 3 h. 5o' du matin — nous entendîmes une forte détonation, et voici que devant nous monte au ciel une gigantesque colonne de feu. On dirait de loin la colossale gerbe de feu d'un feu d'artifices de fête tiré devant nous. Nous voyons nos deux matelots avant mettre la barre toute à bâbord. Que s'était-il passé devant nous? Quelle catastrophe s'était déroulée? Notre navire continua sa marche à travers les flots. Nous conservâmes la même route, et passâmes ainsi à l'endroit où avait eu lieu l'événement. Nous regardâmes de tous côtés pour découvrir quelque épave ou des hommes à l'eau. On n'y voyait rien! Au moment où nous passâmes à la place de la catastrophe, nous ne pûmes nous faire aucune idée de ce qui s'y était produit. Et cependant, quelques minutes avant, le « Pommern », un bâtiment de ligne de 13 000 tonnes, y avait navigué! Un torpilleur anglais s'était faufilé jusqu'à la limite de la visibilité et avait torpillé le « Pommern ». Le navire doit s'être volatilisé : quelques minutes après, on n'en voyait plus la moindre trace. Pas un homme de l'équipage ne fut sauvé. Mon ami et camarade de promotion si vivant, le capitaine de corvette Elle, trouva sur le « Pommern » une mort héroïque. Comme officier canonnier, il s'était donné tant de mal et de souci pour mettre ses munitions en sûreté et à l'abri de la torpille — rien n'avait servi.

Car il est évident qu'une torpille avait atteint en plein une chambre à munitions. Nous apprîmes seulement le lendemain que c'était le « Pommern » qui avait volé dans les airs.

A 4 h. 10', la deuxième escadre qui nous précédait commença à tirer. Nous fîmes donner le signal : « Navire paré pour le combat », car notre conviction était que nous allions, cette fois, livrer la grande bataille décisive. Mais nous nous aperçûmes que ce n'était qu'un destroyer ennemi qui s'était risqué trop près de nous et avait été bombardé. C'était peut-être le même qui venait de torpiller le « Pommern ». En tout cas, il lui en cuisit : le destroyer fut, à peu de distance de nous, et sous nos yeux, incendié ; il clôtura l'effroyable procession des torches vivantes.

Cependant le soleil s'était levé. Des centaines de jumelles et de périscopes, sur tous les bâtiments, exploraient l'horizon, mais nulle part on ne découvrait l'ennemi. La flotte poursuivit sa marche vers le Sud et, dès l'après-midi du 1er juin, nous entrâmes à Wilhemshaven. Notre bâtiment était fortement endommagé. En maints endroits, des parties entières du bateau n'étaient plus que des tas de ruines. Mais les parties vitales n'étaient pas atteintes ; machines, chaudières, appareils de direction, arbres de couches et presque toutes les machines auxiliaires avaient été protégées par notre forte cuirasse. Les chambres des machines étaient long-temps restées pleines de gaz asphyxiants, mais le personnel, utilisant ses masques, avait pu — bien qu'avec pertes — continuer le travail. Tout le navire était parsemé de milliers de grands et petits éclats. Parmi eux, nous trouvâmes deux coiffes d'obus de 38 centimètres presque intactes ; c'étaient deux énormes pièces de la forme de grandes cuves, qui furent par la suite utilisées chez le commandant et au carré des officiers pour rafraîchir le champagne — bien que nous dussions admettre que ce n'est pas dans cette intention que nos adversaires nous les avaient lancées. La ceinture cuirassée avait été plusieurs fois transpercée, mais les voies d'eau avaient pu toujours être aveuglées ou bien l'eau entrée dans le bâtiment localisée dans des parties restreintes.

Nous enterrâmes nos morts à Wilhelmshaven ; il y en avait près de 200 sur le « Derfflinger ». Ils reposent maintenant dans le cimetière d'honneur de la ville.

Le 4 juin, l'Empereur visita notre bateau, puis nous nous rendîmes à Kiel pour six mois, pour effectuer nos réparations. En décembre 1916, nous étions de nouveau prêts à combattre, munis en outre de nombreux perfectionnements d'artillerie et autres.

Mais la bataille du Jutland est restée pour notre bâ
timent la dernière rencontre qu'il eut avec l'ennemi,
tout au moins tant qu'à son arrière a flotté le pavillon
auquel nous avions prêté serment de fidélité ! Aujour-
d'hui ce fier navire repose, lui aussi, dans la baie de
Scapa-Flow, au fond de la mer.

CHAPITRE XI

CONSIDÉRATIONS SUR LA BATAILLE DU JUTLAND

Quand, au matin du 1er juin, le soleil se leva, la flotte allemande était à la hauteur de Hornsriff, par conséquent à la même latitude que la ville danoise de Esbjerg. On ne voyait à l'horizon, plus rien de l'ennemi ; à ce moment, je l'avoue franchement, un poids énorme me fut enlevé du cœur. Notre bateau, criblé de coups, avec son artillerie décimée, n'eût pu soutenir un combat victorieux contre un grand bâtiment à l'artillerie intacte. J'avais aussi consommé presque toutes les munitions des tourelles « Anna » et « Bertha » et il était impossible d'accéder au reste des munitions des tourelles « Cesar » et « Dora », car elles étaient encore toutes remplies de gaz asphyxiants et leurs chambres à munitions étaient inondées. Mais je regrette du fond du cœur pour notre flotte et notre patrie qu'on n'en soit pas venu, cette fois-là, au combat décisif Cela a été certainement pour le chef de notre flotte, l'amiral Scheer, une grande douleur et une grande espérance déçue[1]. Il eût été facile aux Anglais

---

1. Von Hase est certainement sincère, mais il est permis de faire quelques réserves sur les sentiments qu'il prête à son chef (N. du S. H.).

de nous amener dès le matin à la bataille. Ils avaient, pendant toute la nuit, par leurs croiseurs et leurs torpilleurs, conservé le contact avec nous. Le chef de la flotte anglaise avait été constamment tenu au courant par T. S. F. de chacun de nos mouvements. C'eût été la plus grande chance pour notre pays si la bataille s'était engagée dès ce moment près de Hornsriff à peu de distance d'Héligoland. A en juger d'après les expériences du 31 mai, maints bâtiments anglais y eussent été anéantis sans merci, et il leur en eût coûté une immense dépense de munitions pour mettre complètement hors de combat les grands bâtiments de ligne allemands. Si, le 1er juin, Jellicoë avait cherché la décision à Hornsriff, la flotte anglaise eût, sans aucun doute, dû renoncer au premier rang dans le monde en faveur de la flotte américaine [1].

J'accorde volontiers qu'il ne fallait pas songer, le 1er juin, à une destruction complète de la flotte de Jellicoë [2], mais, avec la connaissance exacte que j'ai de nos bâtiments, de notre artillerie, des navires anglais et de leur armement; d'après, en outre, mes expériences de canonnier à la bataille du Jutland, je puis affirmer d'une façon décisive qu'une bataille navale sans merci, livrée aux Anglais par le gros de nos bâtiments de ligne, leur eût coûté un grand nombre de ces derniers. Le 31 mai, il ne fut pas possible à l'amiral Scheer, qui venait de sortir des « griffes du lion », de ramener sa flotte avant la nuit au combat dans une

---

1. Où l'on voit que von Hase connaît assez bien l'état d'esprit régnant dans certaines sphères politiques et militaires de la deuxième « White Nation » (N. du S. H.).
2. Von Hase possède, à un degré rare chez ses compatriotes, le sens de la mesure (N. du S. H).

position nouvelle et tactiquement favorable. Quant à
une bataille de nuit entre deux flottes aussi importantes, c'était une impossibilité. Malgré tous les signaux
de reconnaissance prescrits pour les combats de nuit,
c'eût été une mêlée sauvage, un écrasement de bateaux
contre bateaux, sans qu'on pût distinguer les ennemis
des amis. Quand bien même, en « joueurs audacieux »,
nous aurions essayé d'amener le combat de nuit, la
flotte anglaise devait nécessairement l'éviter. Elle eût,
dans une telle bataille, perdu tous les avantages de sa
supériorité numérique, de sa plus grande vitesse, de
la plus grande portée de ses pièces, et tout livré à
l'aveugle hasard. Jellicoë a eu complètement raison de
se dégager le soir et de conduire ses escadres pendant
la nuit, avec une grande habileté, en un point où elles
ne furent point découvertes par nos flottilles de torpilleurs qui explorèrent en conscience les environs du
champ de bataille. Jellicoë agit également d'après la
plus saine stratégie quand, le 1er juin, il ne reparut plus
au combat[1]. Son emploi de la flotte anglaise comme
« Fleet in being », c'est-à-dire par sa seule présence,
lui avait, jusqu'ici, permis de remplir entièrement la
mission qui lui avait été confiée. La bataille du Jutland
n'interrompit pas une seule minute la pression exercée
par sa flotte comme « Fleet in being ». Si, le 31 mai,
Jellicoë n'avait pas accepté la bataille du Jutland, et
si, pour conserver sa flotte intacte, il s'était replié dans
son repaire de Scapa-Flow, nous aurions pu remplir la

---

1. Nous ne savons si lord Jellicoë appréciera le satisfecit que veut bien lui
décerner von Hase, dont l'opinion n'est pas, il est vrai, entièrement désintéressée.
Voilà une théorie vraiment surprenante de la part d'un officier certainement distin-
gué, appartenant à une marine pourvue d'une forte doctrine militaire (N. du
S. H.).

mission dont on nous avait chargés, c'est-à-dire nous livrer à la guerre commerciale dans le Skagerrak et le Kattegatt, et nous aurions ainsi possédé pour quelque temps la maîtrise de la mer du Nord. La bataille du Jutland nous empêcha d'accomplir notre mission. Mais Jellicoë, en n'attaquant point, le 1er juin, notre flotte, qui mettait le cap sur les champs de mines allemands et nos ports, ne sacrifiait pas un seul instant la maîtrise de la mer [1]. Pourquoi, dans ce jeu d'échecs stratégique, lui aurait-il fallu encore changer quelques figures quand sa situation lui permettait déjà de faire son adversaire échec et mat? Jellicoë retourna à Scapa-Flow. Quand il céda sa place au chef de la flotte, à Beatty, et que son Roi eut fait de lui un lord, il se fit donner le nom de « Viscount of Scapa ». Les railleries ne manquèrent pas, en Allemagne et sans doute aussi en Angleterre, à cet amiral qui empruntait son nom à une place déserte où sa flotte avait mouillé presque constamment pendant quatre ans. Et cependant, c'est à cause de ce mouillage de quatre ans que toute notre flotte de guerre a dû être conduite justement à ce Scapa-Flow et qu'elle est maintenant au fond de la mer dans cette baie de Scapa-Flow.

Quel triomphe pour le « Viscount of Scapa » ! Quand, après la bataille du Jutland, la foi anglaise en la victoire fut fortement ébranlée, Churchill publia dans le numéro d'octobre de la revue « London Magazine » une série d'articles sur la guerre terrestre et la guerre navale. Ce qu'il a dit de la bataille du Jutland est à mon sens

1. Il est vrai. Mais la destruction de la flotte allemande le 31 mai aurait eu d'immenses conséquences morales, politiques et militaires, et probablement hâté la fin victorieuse de la guerre (N. du S. H.).

exact. Malheureusement, nous aurions dû en tirer l'enseignement suivant : la flotte allemande ne se présentera plus à la bataille qu'en dehors de nos champs de mines et à une distance respectueuse de nos bases sous-marines et fortifications terrestres. Malgré tout, il est absolument nécessaire pour nous de rechercher le combat naval si nous voulons tenter de nous arracher à l'étreinte de fer par laquelle l'Angleterre nous étrangle. Nous sommes, par conséquent, obligés de rechercher la flotte anglaise sur la propre côte et de l'y combattre.

On a objecté à ce point de vue que nous ne pouvions mener la guerre sous-marine qu'avec une flotte de haute mer intacte, et que nos ports de guerre eussent été bloqués sans rémission si nous avions perdu notre flotte. Je répondrai : tout d'abord, la lutte contre la flotte ennemie ne signifiait pas, à priori, la perte de toute notre flotte. Le Jutland l'avait bien montré. Deuxièmement, les forces qui, en tout cas, nous seraient restées, croiseurs, bâtiments de lignes anciens et torpilleurs, avec nos sous-marins, mouilleurs de mines, chercheurs de mines, dirigeables, avions, fortifications terrestres, nous eussent suffi pour mener la guerre sous-marine. Nous disposions toujours du Kattegatt comme porte de sortie pour nos sous-marins. Nous avons mené dans les Flandres la guerre sous-marine dans des conditions bien plus difficiles encore que dans la mer du Nord, et sans flotte. D'ailleurs, une bataille de haute mer décisive devait précisément rendre inutile la guerre sous-marine, et amener une prompte solution de la guerre[1].

1. Von Hase retrouve ici son équilibre. Ce fut en effet la grande, l'inexplicable

Je ne veux pas, par ces considérations, gàter notre joie de la victoire partielle que nous avons remportée au Jutland sur la flotte anglaise. Mais il en a été pour cette victoire comme finalement pour toutes celles que nous avons remportées sur mer et sur terre : elle n'a pas pu procurer au peuple allemand la victoire décisive. Mais elle a agi, à ce moment-là, sur la flotte comme un bain d'acier ; elle donna au peuple allemand une force nouvelle, confiance dans l'avenir, et contribua grandement au prestige de l'Allemagne. Pour l'Angleterre, ce fut un jour néfaste que celui où nous envoyâmes par le fond 10 000 marins anglais, avec les plus fiers bâtiments, tandis que 2 000 marins allemands à peine durent sacrifier leur vie sous notre pavillon victorieux.

Nous avons joint dans l'appendice l'extrait des articles de Churchill parus dans le « London Magazine » (automne 1916), et édités dans une livraison spéciale de la « Presse étrangère du Bureau de renseignements du ministère de la Marine ». De même, un poème de Conrad Müller, intitulé le « Derfflinger au Jutland » et composé immédiatement après la bataille, sous l'impression de descriptions personnelles du combat dont lui ont fait part les hommes du « Derfflinger ».

Je termine mon récit du plus grand jour que, nous autres Allemands, ayons vécu sur mer, en souhaitant que ce petit livre et l'article de Churchill puissent fournir à bien des Allemands l'occasion de se rendre compte de l'immense influence exercée par la maîtrise

faute du haut commandement naval germanique d'avoir manqué de confiance en lui-même pendant les premiers mois de la guerre, à une époque où la balance des forces matérielles était bien plus favorable qu'au printemps de 1916. Mais comment peut-il alors approuver lord Jellicoe de n'avoir pas poursuivi la flotte allemande après l'engagement indécis du 31 mai ? (*N. du S. II.*).

de la mer sur l'histoire du monde, l'influence qui s'exercera également dans l'avenir. Et j'exprime l'espoir que, dans les années qui viendront, bien des Allemands, fiers d'être allemands et marins, aimeront encore à humer la brise du large !

Sans doute, nous sommes devenus un pauvre peuple. Sans doute, nous avons été cruellement humiliés dans notre orgueil national, mais ne perdons pas courage pour de nouvelles actions. Pensons au proverbe :

Argent perdu — rien de perdu !
Honneur perdu — beaucoup perdu !
Courage perdu — tout perdu !

APPENDICES

APPENDICE I

Extrait des articles parus a l'automne 1918 dans le « London Magazine », sous la signature du ministre de la marine anglaise Churchill.

Depuis le premier jour de la guerre, la marine anglaise a exercé la maîtrise des mers entière et incontestée. Notre flotte exercera, grâce à sa supériorité, de sa station de la mer du Nord, la maîtrise sur toutes les mers mondiales ; tant qu'elle ne sera point amenée à en sortir, elle ne sera point battue. Cette flotte est la condition primordiale de toutes les entreprises de l'Entente, sur tous les théâtres de la guerre, le veto absolu à toute entreprise lointaine de l'ennemi. Les escadres de ligne de la grande flotte n'ont été qu'une seule fois au combat, en quelques instants précieux, contre les bâtiments allemands; l'occasion d'une bataille décisive leur a été refusée et, cependant, ils ont, dès le début, cueilli tous les fruits d'une victoire complète. Si l'Allemagne n'avait jamais construit un grand bâtiment de ligne, ou si tous ses grands navires avaient été coulés, cette puissance absolue, comme celle de la loi, de la marine anglaise n'eût pas pu être plus efficace. Même sans un Trafalgar, les conséquences entières[1] d'un Trafalgar ont persisté et agi, et cela, avec une sévérité inouïe. L'immense trafic anglais et allié, ainsi que les transports de troupes, s'accomplissent librement. Une assurance de 1 pour 100 couvre non seulement les dangers de

1. Non, pas entières, c'est une idée fausse contre laquelle il faut réagir énergiquement. La destruction de la flotte allemande n'était pas du tout chose indifférente. Elle aurait ouvert un vaste champ de possibilités militaires et politiques (N. du S. II.).

guerre tels qu'on les concevait avant la guerre, mais encore les pertes qui résultent de la guerre sous-marine contre les bâtiments marchands, guerre illégale et inhumaine. Des armées, toutes constituées, peuvent, dans des limites que leur imposent seules nos disponibilités en tonnage, être expédiées dans toutes les parties du monde et être entretenues à leurs points de débarquement. Le Royaume-Uni, ses colonies, ses forteresses, ses protectorats et ceux de ses alliés sont en sûreté et intacts. Au contraire, l'ennemi s'est vu arracher toutes ses possessions en dehors de la ligne de ses armées continentales, ou bien il est en train de les perdre ; sur le miroir de la mer immense il ne peut faire flotter un seul bateau. Pour envoyer une lettre à New-York, les Allemands sont contraints de construire un bâtiment spécial qui navigue sous l'eau. L'air brumeux de la mer du Nord, les nuits sombres et orageuses, les immenses espaces des mers et des océans ne constituent pas pour nous des obstacles suffisants ; ils ne nous interdisent pas la surveillance incessante et universelle des mers, grâce à laquelle le moindre mouvement devient impossible aux Allemands. Il n'y a aucun motif pour que cet état de choses ne persiste pas sans restrictions. Nous sommes entièrement fondés à croire que ce prolongement sans limites de la situation — abstraction faite des autres moyens d'attaque — décidera du sort de la lutte. Nous sommes en droit d'être absolument satisfaits de la situation. La mission guerrière de la marine anglaise est entièrement remplie et avec succès. Sans combats, nous avons tout ce que la bataille la plus victorieuse pourrait nous donner. Ceci est le point de départ de toute considération sur la guerre navale. Nous sommes contents !

Si les Allemands, au contraire, ne sont pas aussi satisfaits de cet état de choses, un expédient tout indiqué s'offre à eux. Pour être délivrés de tous les désagréments dont ils souffrent, ils n'ont qu'à venir chercher la grande flotte et à l'anéantir. Cet événement serait pour l'Allemagne la fin de toutes ses difficultés. Les armées anglaises ne pourraient plus continuer à être maintenues sur le continent, la vie et l'industrie du Royaume-Uni seraient paralysées, l'importation de munitions coupée, et tout l'édifice de la guerre, de la diplomatie et du commerce s'écroulerait comme par un coup magique. La victoire dans la grande guerre, la victoire assurée, rapide et définitive, la surveillance des mers, la domination du monde, tout l'avenir de la civilisation seront à eux le jour où ils auront surmonté cet obstacle. A eux d'agir. La considération de ces faits si simples fera comprendre au public ce qu'on a si souvent négligé et méconnu : l'action de la marine anglaise est en réalité offensive et agressive. Nous avons pris l'initiative, et en avons recueilli tous les avantages. Notre attaque silencieuse contre les intérêts vitaux de l'ennemi se poursuit sans interruption, été comme hiver, jour et nuit, depuis des années. Aucun engagement de guerre ne nous impose de continuer. C'est aux Allemands à jouer la prochaine partie d'échecs. Elle est très simple et toute naturelle. S'ils ne la jouent pas, c'est qu'ils ne sont pas assez forts et qu'ils n'osent pas la jouer. Jamais détresse ne fut plus grande et moyens d'en sortir plus évidents.

La situation décrite plus haut est en elle-même complète, et de notre point de vue entièrement satisfaisante. Si nous en venons à la bataille du Jutland, de nouveaux traits s'y ajoutent. Les Anglais n'avaient point besoin de rechercher cette bataille[1]. Il n'y avait pour eux ni motifs stratégiques, ni aucune nécessité de porter leur flotte de combat jusque dans les eaux danoises. S'il nous a plu d'y aller, ce fut par zèle et par sentiment de notre force. Le désir ardent d'engager dans un combat l'ennemi que nous poussions devant nous, le froid calcul de notre large marge de supériorité, telle est notre justification pour un mouvement que ne nous imposait aucune nécessité pratique. Quel mal cela nous fait-il que la flotte allemande sorte une fois en mer ! — En quoi un tel exploit changerait-il l'horrible et mortelle situation maritime dont l'Allemagne doit sortir ou mourir ? Si l'Allemagne veut tourner la chance de son côté sa flotte doit sortir ; bien plus, elle doit sortir et combattre jusqu'à la décision définitive ;

---

1. C'est toujours la même idée, érigée en système, mais la répétition indéfinie d'une erreur ne peut la muer en vérité. Les Alliés avaient un intérêt capital à détruire la flotte allemande et ce fut un grand malheur de laisser perdre l'occasion magnifique qui s'offrit à eux le 31 mai 1916 (*N. du S. H.*).

mais il incombe à la flotte anglaise de décider où et dans quelles conditions cette bataille doit se livrer.

Aussi quand nous entendons dire que sir John Jellicoë s'élance au delà de la mer du Nord, dirige à grande vitesse sa flotte de bataille vers les côtes allemandes, précédé par l'amiral Beatty et par ses croiseurs de bataille, quand nous voyons ensuite ses grands bâtiments mettre le cap Sud-Est, fendre la vague de leur étrave avec de noires colonnes de fumée s'élevant au-dessus de leurs mats tripodes, nous sommes obligés de nous dire aussitôt : « Quelle supériorité faut-il qu'il ait entre les mains ! » Certainement la flotte anglaise ne rechercherait pas la bataille le long des côtes de l'ennemi si elle ne se sentait pas assez forte pour le battre, bien plus, assez forte pour courir les dangers impliqués dans cette bataille, pour assumer tous les désavantages qui résultent d'un combat livré loin de ses bases et dans des eaux dangereuses. Nous pouvons être assurés que cette décision n'a été prise que d'après les calculs de force les plus minutieux et sur le fondement d'une confiance bien justifiée. Admettons, par exemple, que nous ayons perdu une douzaine de nos meilleurs navires, nous ne serions plus en état de poursuivre une politique aussi aventureuse, mais nous nous replierions sur notre position, à la fois sûre et plus forte, nous contraindrions l'ennemi à venir précisément nous chercher sur nos côtes en quête de la décision finale. Par conséquent, il faut considérer la bataille du Jutland comme une audacieuse tentative par laquelle nous avons offert la bataille à l'ennemi, tentative qu'ont entièrement justifiée les événements, et qui résultait de la conscience que nous avions de notre écrasante supériorité. Les mouvements de nos croiseurs de bataille et de nos bâtiments de ligne rapides peuvent être audacieux et entreprenants. Cette flotte possède la vitesse et elle est en même temps au moins trois fois aussi forte que la flotte rapide de combat de l'ennemi. Il n'y a pas une force combattante assez puissante pour la mettre en péril, la rattraper ou la contraindre à la bataille. Elle n'a point besoin de s'engager jamais au combat avec les vaisseaux de ligne allemands. Elle peut s'approcher de toute la flotte allemande sans avoir besoin de soutien, elle peut séjourner dans le voisinage immédiat de forces bien supérieures sans se découvrir ou sans se laisser aller à un combat décisif. Quand sir David Beatty est à 100 milles en avant de sir John Jellicoë, il n'a perdu ni la liaison ni le contact avec lui. Leurs positions réciproques sont parfaitement assurées et satisfaisantes. Beatty peut, à tout instant, se replier ou Jellicoë le rappeler. Il n'y a pas, entre eux, de solution de continuité, et ils sont entièrement maîtres de la situation. Le seul danger qu'ils puissent courir est qu'un bateau isolé ne puisse pas suivre. Mais, si dur soit-il de laisser un camarade en plan, on ne peut voir en cela le motif d'un engagement général avec la flotte de combat ennemie. Sous cette seule restriction, les mouvements de notre flotte rapide sont entièrement libres. Nous ne saurions donc parler d'imprudence ou de surprise, causées par le trop grand éloignement des bâtiments rapides et de la grande flotte au moment du début de la bataille.

Le combat commença par l'attaque de 6 croiseurs de bataille anglais contre 5 allemands. — Les bâtiments anglais avaient, d'ailleurs, une grande supériorité par le poids de leur bordée. L'ennemi se replia bien entendu sur sa flotte de combat en marche. Pendant la bataille, nous reçûmes du renfort, d'abord les 4 vaisseaux de ligne rapides, les « Queen Elizabeth » et ensuite les trois croiseurs de bataille plus anciens de l'amiral Hood. Ainsi, en ce qui concerne les bâtiments rapides des deux flottes, la supériorité anglaise s'exprime par le rapport de 13 à 5 et, du point de vue de l'artillerie, au moins par celui de 4 à 1 —. Quand la flotte de haute mer allemande apparut sur le lieu du combat, il fut aisé à Beatty d'éviter une bataille générale ; il lui suffit simplement d'augmenter sa vitesse, il força par là les croiseurs de bataille allemands d'en faire autant ou de se laisser déborder (« Crossed ») par lui. Aussi, les bâtiments rapides de la flotte de haute mer allemande s'enfuirent ; et, seuls, les navires de la classe « Queen Elizabeth », placés à l'extrémité de notre ligne, furent sérieusement engagés avec les bâtiments les plus avant de l'ennemi ; ils convenaient, d'ailleurs, parfaitement à ce rôle. Tout cela apparaît à la fois naturel et satisfaisant. Il est pourtant étonnant que le feu des batteries anglaises, si supérieures, n'ait obtenu en 3 heures de bataille aucun résul-

tat décisif contre les croiseurs de bataille ennemis. Le « Lützow »
fut coulé, le « Seydlitz » et le « Derfflinger » furent gravement
atteints et les deux autres mis à mal. Les bancs de brume qui se
succédaient nous donnèrent en somme l'éclairage le plus mauvais. La destruction de 3 de nos bâtiments diminua nos forces
en un moment critique. Mais il est remarquable de voir que
quatre sur cinq des croiseurs de bataille ennemis combattirent,
tirèrent constamment pendant tout le combat et finirent par se
dérober. L'explication la plus facile est l'épaisse cuirasse que
portent ces bâtiments, très lourds, contrairement à nos croiseurs
de bataille. En tout cas, les navires de la classe « Queen Elizabeth », les mieux cuirassés du monde, supportèrent l'effroyable
feu d'un nombre supérieur de vaisseaux allemands sans essuyer
la moindre perte et sans voir diminuer leur force offensive.
Autant qu'il est actuellement possible de tirer des enseignements
de cet événement, il paraît avoir démontré la valeur de la forte
cuirasse. Quand les deux gros s'engagèrent, on reconnut presque
immédiatement la supériorité de feu anglaise, et, cependant, il
n'y avait qu'une partie de la ligne anglaise à combattre. La flotte
allemande rompit l'engagement et se replia dans la brume et le
soir qui tombait. Pendant cette courte mais notable rencontre,
elle subit des avaries sérieuses. Sans aucun doute, chacun des
bâtiments anglais était supérieur aux navires allemands, abstraction faite de la supériorité numérique. Il n'y a pas de doute non
plus que la bataille, si elle eût été poursuivie, n'eût pu mener
qu'à un résultat décisif ; l'ennemi l'a bien vu et l'a reconnu.

Jamais une marine n'a eu plus besoin de livrer une bataille et
de s'assurer une victoire décisive que la marine allemande ce
jour-là. Jamais elle n'a pu s'attendre à occasion plus favorable.
Son ennemi s'était avancé jusque devant sa porte. Il était très
éloigné de ses points d'appui ; il était chez elle, dans ses eaux
dangereuses. Il se laissa engager dans un combat de poursuite
qui offrait aux Allemands toutes les occasions imaginables de
l'amener sur des champs de mines et sur des embuscades de
sous-marins. La faible visibilité empêcha un combat à longue
distance, fournit aux Allemands une excellente occasion d'user
de leur artillerie moyenne tant vantée, et favorisa de toute ma-

nière l'application des principes qui avaient présidé à la construction et à l'entraînement de leur flotte. Et cependant, malgré tout cela, et bien qu'une victoire leur fût si cruellement nécessaire, ils ne risquèrent point l'épreuve. Au contraire, la flotte anglaise estimait tellement sa supériorité qu'elle courut tous les dangers, se sentit assez forte pour renoncer à tous les avantages en sa faveur, et ceci, dans l'espoir d'une décision qui ne lui était pas stratégiquement nécessaire. Au contraire le sentiment de leur infériorité était si profondément ancré dans l'esprit des chefs allemands, il fut si complètement confirmé au contact de l'ennemi que, malgré tous les atouts de leur côté, ils déclinèrent la bataille alors qu'une victoire eût sauvé l'Allemagne. On ne saurait parler de manque de courage des équipages et chefs allemands. Ce courage est reconnu par tous. Il s'agit ici du calcul froid et scientifique des forces de guerre, et, ici aucune équivoque n'est possible dans le jugement qu'on doit porter. Il n'y a pas, dans toute l'histoire maritime, d'exemple d'une plus fière affirmation de la supériorité au combat de la part de la flotte la plus forte, il n'y en a pas où le plus faible fasse un aveu plus humiliant de son impuissance; il n'y a point d'exemple où ces deux sentiments aient été mieux justifiés par les événements qu'à cette bataille du Jutland.

La torpille n'a guère pu exercer d'influence sur le cours de la bataille générale; ceci est également évident et pour nous également satisfaisant. La marine la plus forte se repose surtout sur la force de sa grosse artillerie dans la ligne de bataille. C'est sur ce principe qu'est fondé tout notre système et toute notre conception de la guerre maritime. Il en a toujours été de même dans le passé, et, malgré toutes les transformations imposées par les progrès de la technique, cela est resté le fondement de toute la politique de l'amirauté. La première nation maritime se repose sur le canon; la seconde doit mettre ses espoirs dans la torpille. Les plans de construction et la structure des bâtiments allemands de toute classe, ainsi que l'organisation de toute leur flotte, correspondent à tous points de vue à ce principe. L'opinion maritime anglaise, tout en restant fidèle à sa conception fondamentale de la puissance du canon, avait été, dans ces derniers temps, de plus en plus sous l'emprise de la menace

qu'exerçait la torpille. Il paraissait difficile de ne point la traiter comme une arme de combat qui pût être décisive. Or, dans
la bataille du Jutland, nous avons vu s'affronter 60 ou 70 bâtiments des deux marines, pendant près de 20 heures, en plein
jour et dans l'obscurité, et dans des eaux contaminées par près
de 200 bâtiments porte-torpilles conduits avec audace à la surface et sous les eaux. Du côté anglais, un seul bâtiment, le
« Marlborough », est atteint, sans être d'ailleurs contraint d'in-
terrompre le feu ; l'intrépide audace de nos propres flotilles ne
nous rapporta pas plus de 3 ou 4 victimes. Ceci est peut-être,
parmi les manifestations de cette bataille, la plus étonnante, et
pour nous la plus rassurante.

Il serait dangereux de vouloir déduire des expériences d'une
seule bataille des conclusions trop décisives, et admettre que la
longue lutte, sans cesse plus âpre, entre le canon et la torpille
a pris fin par la victoire incontestée du premier. Mais, autant
que cette bataille peut nous indiquer la route à suivre, elle
signifie incontestablement la primauté du canon, et assigne à la
torpille un rôle secondaire, quand il s'agit de grandes décisions.
Et nous voyons une fois de plus, s'appliquer la dure règle de
la guerre navale de notre temps : « A la marine la plus forte,
tout ; à celle qui vient ensuite, rien. »

En somme, il est étonnant que les conséquences d'une supériorité maritime, même modérée, soit si complètes et si éten-
dues. Prenons deux marines, dont les forces soient dans le rapport de 16 à 10. Participent-elles aux avantages de la puissance
navale dans la même proportion ? La plus forte domine-t-elle
16 parties de la mer et la plus faible 10 ? La plus faible en domine-t-elle 5 ? En domine-t-elle seulement une seule ? Non. La
mer libre est entièrement propriété du plus fort. Rien ne reste
au plus faible —. Ses dépenses ne lui rapportent rien ; ses
efforts restent sans salaire. Il ne peut même point, comme aux
jours anciens des bateaux à voiles, prolonger une guerre de
course tant que la flotte principale affaiblie est hors d'état de
livrer une bataille décisive. La destruction de tous ses croiseurs
ou de tous les bâtiments de commerce sous son pavillon, celle
de tous ses points d'appui et de tous ses établissements étran-

gers n'est qu'une question de temps. Dans cette partie, il n'y a
pas de fiche de consolation.

Il est remarquable que l'opinion publique paraît plus portée à
juger les opérations maritimes avec un esprit plus critique et
plus partial que les opérations terrestres. Nous avons essuyé
sur terre de grosses pertes, parfois inutiles, parfois avec des
résultats infimes et insuffisants. La mauvaise administration, l'in-
décision, l'obstination, l'audace, interviennent ici et entraînent
des conséquences effroyables. Mais, dans la rouge flambée de
la bataille on ne distingue plus rien exactement. Tant de choses
restent en question. Il subsiste tant d'obscurités, tant d'éléments
brouillent le tableau et masquent le résultat ! Et, à travers toute
cette confusion, brillent l'infatigable bravoure des troupes et
leur héroïque sacrifice ; la nécessité prime tout de les encoura-
ger et d'abattre l'ennemi. Aussi, les jugements publics portés
sur la guerre terrestre sont-ils ou indulgents ou provisoires. Il
en va tout autrement avec la marine. La mer est plane et claire.
Sur sa surface tout bâtiment est visible — c'est une cible pré-
cise. Si l'on en perd un, c'est un événement sur lequel il n'y a
pas à discuter. L'intelligence la plus simple peut juger le fait
que le navire n'est plus là. Ne perdrait-on qu'un seul bâtiment,
cela passe pour un malheur, c'est la conséquence de quelque
cause très simple — négligence, présomption, incapacité —, et
cela exige blâme ou punition. Et pourtant, un amiral devrait
prétendre davantage à l'indulgence de ses compatriotes qu'un
général. Tout, dans son commandement, est presque entièrement
nouveau. Il n'en est guère qui ait jamais eu quelque expérience
du combat naval. Tous ont dû commencer par se familiariser
avec des situations étranges, nouvelles, inattendues et le plus
souvent imprévisibles en temps de paix. Sans doute, les généraux qui occupent les postes suprêmes et qui, dans des châteaux,
à des kilomètres derrière le front ont donné par téléphone le
signal d'attaques désespérées, ont dû souvent souhaiter comme
un immense allègement de pouvoir se rendre un moment sur le
champ de bataille ; mais il n'en subsiste pas moins que les conditions de la guerre actuelle les en empêchent. Au contraire,
l'amiral, sur sa passerelle, conduit en personne sa flotte ou son

escadre au combat; son fier pavillon est la cible sur laquelle se
concentre le feu; en un moment, et presque d'un signe, il dirige
la marche de la bataille la plus grande et la plus acharnée, il
ressemble au roi guerrier et aux paladins antiques, c'est une
figure de héros. Le simple matelot est loin d'être exposé aux
mêmes dangers que Jellicoë et Beatty. Pas un grand général, si
admirable soit-il, n'a personnellement et immédiatement, au
milieu du tonnerre de la bataille, la mort soudaine devant les
yeux, il n'a point à résoudre des questions aussi scientifiques,
aussi effrayantes et aussi précises. Ses puissants bâtiments, dont
chacun équivaut au moins, comme arme de guerre, à toute une
division d'infanterie, disparaissent en une seule explosion, sans
laisser même de traces. Un tiers de l'escadre de bataille anéanti
en quelques minutes, des navires de la plus grande importance
disparus à jamais, le sort de l'Entente, le sort de l'empire
anglais, l'issue de la lutte mondiale, tout est en jeu, tout est en
suspens, tout est encore dans les voiles de l'inconnu! Certainement, de toutes les épreuves imposées par la guerre à l'individu,
celle-ci est l'épreuve suprême, c'est la vraie gloire.

APPENDICE II

Extrait des « Poèmes » composés en l'honneur de la bataille du
Jutland, recueillis par le commandement de la flotte de
haute mer.

LE « DERFFLINGER » AU JUTLAND

A Gousow dans la crypte sainte de l'église,
Dort la plus vaillante épée du Brandebourg ;
Parfois quand, dans la nuit, la cloche lance son appel,
Le vieux[1] remue faiblement ;
On voit alors un coursier sortir
Doucement de l'écurie du château,
Il bondit à Fehrbelin
Au combat avec le feld-maréchal[2].

1. Allusion au maréchal Derfflinger (1606-1695), qui combattit sous le Grand
Electeur.
2. D'après une vieille légende paysanne, encore vivace, à Gousow.

Mais cette fois le spectre a poussé plus loin sa chevauchée,
Les sabots du coursier ont volé
Devant Stettin, pour lequel il lutta jadis,
Devant les falaises crayeuses de Rügen,
Devant le Sund, devant le Belt,
Il atteignit enfin le Skagerrak,
A l'endroit où brille le tonnerre de feu de la mer,
Et où Hornsriff protège la terre de sa digue.

C'est là qu'était le fier navire dont il est le parrain,
Engagé dans la lutte la plus sauvage avec les Britanniques ;
Une pluie d'acier sifflait avec rage autour de lui
Les vapeurs de fumée et de poudre l'enveloppaient,
Hautes comme des maisons les colonnes d'eau jaillissaient du
[gouffre des vagues,
Tout autour l'air et le ciel tremblaient,
Mais, sans peur, le « Chien de fer[1] » se précipitait
Dans l'effroyable tumulte de la bataille.

Il saisissait de sa dent de fer,
Tout ce qui traversait sa joyeuse piste de chasse ;
Les pièces de sa bordée lui frayaient un chemin,
Quand l'escadre de Beatty lui résistait :
Ainsi le chasseur parvint jusqu'à la Reine,
Jusqu'à la « Queen Mary », la forte, la fine,
Le bateau qui faisait l'orgueil de l'ennemi, et qui, flamboyant,
Était à lui seul une victoire.

Il la couvrit d'obus,
Leurs grondements pénétrèrent à travers cuirasses et cloisons,
Son corps géant éveillé du repos, trembla et gémit dans la mort,
Bien haut, jaillit l'éclat rougeâtre d'un nuage ;
Au milieu du bateau les mâts s'écroulèrent,
Et alors disparut dans le flot et le flamboiement de l'incendie
La « Queen Mary », corps et biens.

1. Les Anglais surnommaient le « Derfflinger » « le chien de fer ».

Cependant le « Derfflinger » continuait,
Il marchait de toute sa force ;
Pour attiser le feu et le chauffer à blanc,
Les équipes de chauffeurs dégouttaient de sueur,
Sur sa passerelle le commandant,
Entouré du fracas de la victoire et des hourrahs,
Se dressait et conduisait l'escadre des croiseurs,
Quand Hipper changea de bateau-amiral.

« Derfflinger » ressentait bien maintes blessures,
Trous et glorieuses cicatrices,
Mais de ces héros pas un ne céda,
Ils préférèrent mourir sans plainte,
En haut et en bas ils accomplirent leur devoir,
Au périscope, aux machines, à la barre,
Comme à l'exercice, aussi calmes et aussi simplement,
Ils servirent le bâtiment et leurs pièces.

Alors, le vieux rit joyeusement en son cœur,
Quand il vit son bateau en pointe,
Il pensa aux jours de Rathenow,
A la chevauchée ardente,
Son nom brillait aux flancs du bateau,
Sa gloire était magnifiquement conservée,
Alors il cria en disparaissant dans la brume :
« Hohenzollern passe partout ! »

Conrad Müller.

ANNEXE

LA SEMAINE DE KIEL EN 1914

Le « Times » du 22 mai 1914 donnait la nouvelle suivante : *Visite de la première flotte dans la Baltique.*

« L'Amirauté informe que quatre escadres de bâtiments de ligne et de croiseurs se trouveront le mois
prochain dans la Baltique. Tous les ports importants
seront visités, y compris Kiel, Cronstadt, Copenhague,
Christiania et Stockholm. Ces visites ont la même signi-
fication que celles rendues récemment par les escadres
britanniques aux ports autrichiens, italiens et français,
rendues actuellement par une escadre autrichienne à
Malte, l'été dernier par une escadre russe à Portland, et
que celle que rendra dans le même port, le mois prochain,
une escadre française. Ces visites sont convenues entre
les gouvernements respectifs ; elles n'ont point de signi-
fication, ni politique, ni internationale, et on peut espé-
rer qu'elles ne serviront pas à autre chose qu'à l'habituel échange de courtoisie accoutumé en de telles
circonstances. Ces voyages sont les bienvenus pour les
officiers et les équipages, car ils les distraient de l'uni-
formité du service journalier dans les eaux de leur pays,
et leur font connaître des ports étrangers. La dernière
fois que des forces navales britanniques se trouvaient
dans la Baltique fut l'automne 1912, lorsque la deuxième
escadre de croiseurs visita Christiania, Copenhague,
Stockholm, Reval et Libau. »

Le secrétaire de l'Amirauté annonce les mouvements
suivants des bâtiments de la première flotte de Sa Majesté :

Le vice-amiral de la deuxième escadre de ligne à bord de son bâtiment amiral « King George V », et avec l' « Ajax », l' « Audacious » et le « Centurion », ainsi que le commodore de la première escadre de petits croiseurs, à bord du « Southampton » avec le « Birmingham » et le « Nottingham » visiteront Kiel du 23 au 30 juin.

La nouvelle de cette visite projetée par la flotte anglaise à Kiel souleva en Allemagne et dans le monde entier la sensation la plus profonde. Les uns voulaient y voir un pas considérable vers la détente de la situation politique, les autres un dernier acte d'espionnage avant l'inévitable choc. Les journaux allemands s'occupèrent bientôt vivement de la visite attendue, et la marine fit toutes sortes de préparatifs pour recevoir les bâtiments à Kiel. Sa Majesté l'Empereur donna, entre autres, l'ordre d'attacher au service particulier des deux commandants en chef anglais deux officiers de marine. J'appris dès le mois de mai que j'étais proposé pour servir auprès d'un des amiraux anglais et, au début de juin, l'ordre de la flotte portait que j'étais désigné en service personnel et attaché au vice-amiral sir George Warrender, tandis que le lieutenant de vaisseau Kehrhahn l'était auprès du commodore Goodenough, chef des petits croiseurs. Au cours de mes commandements à l'étranger, surtout en Extrême-Orient, et pendant un assez long séjour en Angleterre, j'avais toujours entretenu de bonnes relations avec les Anglais, surtout avec les officiers de marine de mon âge. J'avais, en leur compagnie, vécu de belles heures, et, en apprenant ma désignation, je me réjouis du commerce agréable qu'elle me promettait avec des officiers anglais. J'en attendais en outre maints enseignements professionnels.

Le mardi 23 juin à l'aube, j'embarquai à Kiel en compagnie de l'attaché naval anglais à Berlin, le capitaine Henderson, et de l'officier désigné pour piloter le bâtiment-amiral anglais, dans une vedette à

moteur qui nous mena à la rencontre de l'escadre
anglaise jusqu'au bateau-feu de Bulk, environ à 10
milles au large de Kiel. C'était une journée pluvieuse,
le temps était bouché malgré le souffle d'une légère
brise. Au bateau-feu de Bulk, nous nous rencontrâ-
mes avec les six vedettes à moteur des officiers destinés à piloter les autres bâtiments. Notre petite flottille
venait de se réunir quand nous aperçûmes dans le
Nord deux forts nuages de fumée. Les navires anglais
se dirigeaient sur nous en deux colonnes. Nous reconnûmes bientôt dans la colonne de gauche les quatre
bâtiments de ligne en ligne de file, et dans celle de
droite, un peu en retrait, les trois petits croiseurs. De
notre observatoire très bas sur l'eau, les bâtiments
anglais offraient un aspect imposant. Leur couleur
gris sombre apparaissait presque noire sur le fond gris
des nuages. Les colosses s'avançaient menaçants ;
c'étaient les plus grands vaisseaux de guerre du monde.
C'étaient, comme on nous l'avait annoncé, les dreadnoughts « King George V », « Ajax », « Audacious » et
« Centurion », accompagnés des trois petits croiseurs
« Southampton », « Birmingham » et « Nottingham ».
Sur le vaisseau-amiral, au mât avant duquel flottait le
pavillon du vice-amiral anglais, un signal s'éleva dès
qu'on remarqua notre appel. Les vaisseaux stoppèrent,
firent machine arrière, et quand les puissants bâtiments
furent arrêtés, nos sept vedettes accostèrent simultanément les sept navires anglais. Nous nous rangeâmes
contre la coupée tribord du « King George V » et mon-
tâmes à bord. Le second du bâtiment, Commander
Goldie nous reçut et nous conduisit à l'amiral qui se
tenait avec les officiers de son état-major sur sa passerelle surélevée. Le capitaine Henderson nous présenta
à l'amiral. Je lui souhaitai la bienvenue au nom du chef
de la flotte de haute mer et du chef de la station de la
Baltique, je lui annonçai que j'étais attaché à sa personne pendant la durée de la présence de l'escadre
anglaise à Kiel. L'amiral remercia très aimablement et

SALUT AU KAISER PAR LES FLOTTES ALLEMANDE ET ANGLAISE, A KIEL, LE 24 JUIN 1914.

LE "*KING GEORGE V*"
BATIMENT-AMIRAL DE LA DEUXIÈME ESCADRE DE LIGNE ANGLAISE.

LE "*SOUTHAMPTON*"
BATIMENT-AMIRAL DU COMMODORE GOODENOUGH.

me fit immédiatement faire la connaissance des officiers
de son état-major. C'étaient le « flag-captain » (commandant le vaisseau-amiral, et en même temps chef de
l'état-major) capitaine Baird. Le flag-commander (aide
de camp), l'honorable Arthur Stopford, et le flag-lieu-
tenant (aide de camp), Buxton. Le vice-amiral sir George
Warrender était une personnalité sympathique, au
visage aristocratique, imberbe, aux yeux pleins de
bonté. Il pouvait avoir environ 55 ans, il grisonnait,
mais sa personne était d'une élasticité juvénile, res-
pirait la joie et l'amabilité. Voici les impressions que
je consignai dans le rapport officiel dès le départ de
l'escadre anglaise, sur l'amiral et les officiers de son
état-major :

Vice-amiral sir George Warrender, Bart.

Le vice-amiral sir George Warrender, Bart, est un
homme du monde, au type anglais authentique, à l'al-
lure décidée. Les officiers de son état-major et de ses
bâtiments l'estiment grandement ; ses qualités personnelles et sa sollicitude pour les équipages le rendent,
paraît-il, très populaire dans son escadre.

Dès mon arrivée et par la suite, je remarquai chez
lui — comme chez presque tous les autres officiers
anglais — la brièveté toute commerciale avec laquelle
il expédiait toutes les affaires de service. Ordres brefs
et réponses brèves, chose à laquelle la langue anglaise
est d'ailleurs particulièrement propice. Dans le service,
pas un mot qui ne soit du service. Aussi, malgré l'absence de la plupart de nos formalités militaires, l'ensemble du service me fit-il, pour la tenue, la langue et
les appellations, une impression très militaire et très
pertinente. Warrender est dur d'oreille, mais les officiers de son état-major sont si bien accoutumés à lui
qu'il les comprend même à voix basse. Dans la conversation avec les autres officiers et avec les étrangers, il
avait des difficultés, surtout à table, au cours d'une cau-
serie générale et animée. Quand j'étais seul avec l'amiral, ou seulement avec des membres de son état-major,

il se renseignait à fond sur la situation de la marine
allemande, et s'efforçait surtout d'en connaître la vie
et les détails de service, ainsi que l'esprit des officiers
et des équipages. Il manifesta en outre un vif intérêt
pour notre T. S. F. et pour les moteurs, surtout pour
nos moteurs de sous-marins. C'était devenu, pour lui
et ses officiers, comme une habitude constante que de
comparer leur marine à la nôtre. En plusieurs circonstances, sir George Warrender se révéla un excellent
orateur. Il comprend un peu l'allemand, mais n'en usa
point dans la conversation. Je dus, à sa demande, lui
traduire chaque jour les lettres allemandes qui arrivaient et les articles de journaux concernant son escadre.

Sir George Warrender passe pour bon joueur de
tennis et pour très bon joueur de golf.

Il parlait toujours avec le plus grand respect de Sa
Majesté l'Empereur et de Son Altesse le prince Henri.
Il fut très heureux de l'accueil que sa femme et lui reçurent de Sa Majesté et du Prince Henri. Il s'efforçait
également d'être aussi prévenant que possible à l'égard
de tous les officiers allemands. Il se montra envers moi
d'une amabilité constante. Il insista souvent sur la gratitude qu'il avait à se voir attaché ainsi qu'au commodore Goodenough des officiers de marine allemands. En
fait, il recourut à mes services absolument comme à
ceux d'un véritable aide de camp.

En résumé, mon jugement sur sir George Warrender
serait le suivant : c'est une personnalité distinguée, il a
bien en mains ses officiers et ses équipages. C'est une
intelligence claire ; il comprend son métier, s'y inté-
resse, ainsi qu'à la situation politique, et il est d'une
souplesse presque juvénile.

Flag-cap. Baird. — Est chef d'état-major et, en même
temps, commandant du bâtiment-amiral. Est sur pied
du matin au soir. Il réglait surtout toutes les questions
de personnel (officiers et équipages), qui concernaient
l'escadre (fêtes, permissions, sports, etc...). Il donne

physiquement l'impression d'un homme usé, mais c'est un officier avisé et énergique.

Flag-commander the honorable Arthur Stopford. — Officier-canonnier d'escadre, devenu officier d'état-major. Réfléchi, nature droite et franche, à laquelle l'intimité et les mœurs allemandes sont particulière-ment sympathiques.

Secretary Hewlett.

Il a une situation de confiance. Il passe avant le flag.-commander. Son rôle correspond entièrement à celui de nos « secrétaires d'escadre ».

Nous entrâmes vers 9 heures du matin, le 23 juin, dans le port de Kiel. C'était assez plaisant pour moi de faire cette route, que je connaissais si bien, sur la passerelle d'un bateau-amiral anglais. Avant d'arriver en rade, nous essuyâmes un bon grain, mais le temps s'éclaircit et le magnifique port de Kiel nous apparut par un soleil radieux. De nombreux yachts et embarcations de la marine nous entouraient. Les rives regorgeaient de curieux venus pour voir l'arrivée des célèbres dreadnoughts anglais. A partir de Labö, nous fûmes accompagnés par la vedette à moteur du prince Henri, qui nous salua en la compagnie de dames. L'amiral et le prince Henri se saluèrent en agitant vivement leurs casquettes. Tous les bâtiments prirent leur corps mort presque simultanément, aux points désignés, en bon ordre, et avec beaucoup d'habileté. Peu après, nous nous réunîmes pour le déjeuner au carré de l'amiral. L'amiral disposait d'une très grande salle à manger qui s'étendait sur toute la largeur du bâtiment, et était lambrissée d'acajou. En outre, il avait un salon très élégamment aménagé, garni de meubles clairs, de coussins et de tentures claires, comme dans un boudoir. Ces deux pièces étaient destinées à l'usage général des membres du carré de l'amiral, mais ceux-ci passaient le plus souvent leurs loisirs dans leurs chambres très spacieuses ou au carré des officiers. L'amiral avait en outre pour son usage personnnel un grand bureau, une grande chambre à coucher, une salle de bains et un cabinet de toilette.

Le déjeuner fut abondant, et l'amiral m'entretint de l'organisation de sa journée. Etaient prévus :

A 11 heures, un échange de visites sur le « Friedrich der Grosse ». Puis, présentations chez le prince Henri ; le soir, repas chez le prince Henri. L'amiral me demanda où l'on pourrait me trouver. Je le priai de m'autoriser à habiter sur le « King George V », ce qu'il m'accorda très volontiers. Il mit provisoirement à ma disposition les appartements destinés à l'ambassadeur ; c'est là que mon ordonnance, le matelot Hänel, installa mes affaires. Cela constituait un petit appartement séparé, composé d'un salon, installé d'une façon ravissante, d'une chambre à coucher, d'une salle de bain et d'un cabinet de toilette. Malheureusement le plaisir ne dura pas longtemps : l'ambassadeur d'Angleterre arriva le soir même à bord ; je m'installai dans une chambre d'un pont inférieur, assez spacieuse, mais peu plaisante et chaude. Pendant toute la semaine de Kiel, j'habitai à bord du « King George V » et y passai la nuit. Mon séjour continuel auprès de l'amiral Warrender, de ses officiers et de ses hôtes me donna l'occasion de les bien connaître, et de me former un jugement sur l'esprit qui régnait parmi eux. Outre l'ambassadeur d'Angleterre, il y avait encore à bord, comme hôtes de l'amiral, le fils de l'ambassadeur, et un neveu de l'amiral, un jeune lord Erskine. A l'heure indiquée, nous nous rendîmes avec la vedette de l'amiral, la « barge », vapeur très spacieux et très joliment orné d'acajou, sur le bâtiment amiral « Friedrich der Grosse », où les amiraux et commandants de la flotte présents à Kiel étaient réunis pour l'échange des visites. L'amiral von Ingenohl et l'amiral Warrender présentèrent les officiers les uns aux autres. L'attitude des officiers allemands fut froide et réservée, celle des Anglais peu différente, si bien que l'on crut pouvoir remarquer, en dépit de la correction des formes, la tension de la situation politique. Mais, dans les fêtes qui suivirent, je n'ai rien remarqué de pareil, surtout dans le commerce réciproque des jeunes officiers, qui se lièrent très vite. Dans tous les bals et fêtes à bord et dans toutes les solennités sportives, on voyait les jeunes officiers anglais en parfait accord avec les officiers allemands et fort empressés à flirter avec les dames allemandes. Un grand . nombre d'officiers anglais furent également invités par nos officiers de marine mariés et passèrent maintes heures dans l'intimité allemande. Beaucoup d'officiers et matelots usèrent du libre parcours qui leur avait été accordé sur les chemins de fer; chaque jour, des centaines d'entre eux se rendaient à Berlin et à Hambourg. Aussi une grande partie des officiers et des équipages était-elle toujours absente de Kiel.

En quittant le « Friedrich der Grosse », nous nous rendîmes au château royal. Nous y fûmes reçus par le prince Henri, la princesse, le jeune prince et leur entourage. Leurs Altesses s'entretinrent très longuement avec les officiers anglais. Toutes deux eurent, jusqu'à la guerre, une prédilection pour tout ce qui était anglais, et ne parlaient même entre elles pour ainsi dire que cette langue. Je m'entretins longuement avec le jeune prince Siegismund, puis avec la princesse Henri, qui témoigna un vif intérêt pour mes fonctions sur le « King George V ». Tous les Anglais furent ravis de l'amabilité et de la distinction du prince Henri.

Au départ du château royal, nous rentrâmes à bord du « King George V » où, entre temps, les deux attachés navals avaient été invités au lunch; c'était le capitaine de corvette Erich von Müller, arrivé de Londres, et le capitaine Wilfred Henderson. Le capitaine von Müller me prit aussitôt à part et me dit : « Gardez-vous des Anglais! L'Angleterre est prête à marcher, nous sommes au bord de la guerre, et le but de cette visite de flotte n'est que l'espionnage. Ils veulent se faire une idée claire de la préparation de notre flotte.

Ne leur parlez surtout pas de nos sous-marins! » Ces paroles étaient parfaitement conformes à mon opinion, mais je fus tout étonné de les entendre aussi crûment prononcées. Je m'en tins à son conseil pendant toute la durée de la visite anglaise ; l'avenir a entièrement donné raison au capitaine de corvette von Müller ; bien mieux que son chef, l'ambassadeur prince Lichnowsky, il avait, même avant le meurtre de Serajevo, pressenti le danger menaçant!

A peine étions-nous rentrés à bord que le prince Henri rendait sa visite, suivi bientôt par le chef de la flotte et par le préfet maritime.

L'après-midi, l'aide de camp Buxton et moi-même accompagnâmes l'amiral dans ses visites. Nous nous rendîmes d'abord au « Yacht-Club » ; Warrender célébra d'une façon vraiment touchante son retour auprès de son ami le contre-amiral Sarnow, avec qui il s'était lié il y a bien longtemps en Extrême-Orient. Nous restâmes une heure entière devant une coupe de champagne en compagnie des deux chefs qui ne se lassaient point d'évoquer des souvenirs communs. Puis nous prîmes le thé chez le chef de la station de la Baltique, l'amiral Coerper, et nous rendîmes en sa compagnie et celle de Mme von Coerper au tournoi de tennis qui avait lieu sur les emplacements devant l'Académie de marine.

A notre retour à bord, nous trouvâmes l'ambassadeur d'Angleterre sir Edward Göschen qui venait d'y arriver, et s'était installé dans les appartements princiers où je n'avais pu faire qu'une petite sieste. Pendant la semaine qui suivit, j'appréciai dans l'ambassadeur d'Angleterre un homme particulièrement aimable et spirituel, qui témoignait toujours aux Allemands une grande cordialité. Il descend de la vieille famille de libraires de Leipzig des Göschen, et est donc par son ascendance plus allemand qu'anglais. Après une courte entrevue avec l'ambassadeur, nous nous mîmes en tenue pour le repas chez le prince Henri. Grande

tenue de carré[1], par conséquent veste, gilet blanc, bande
d'or au pantalon, telle était la tenue prescrite. Peu
avant 8 heures, nous prîmes place dans la confortable
« barge » qui nous transporta si souvent la semaine
qui suivit, et nous rendîmes au château royal. Le repas
fut très joli; nous dînâmes dans la salle blanche, à
huit petites tables. Etaient invités, outre les officiers
supérieurs anglais, les amiraux présents à Kiel avec
leurs femmes et quelques membres de la noblesse
holsteinoise. Pendant ce repas de Lucullus, une excellente musique se fit entendre et joua alternativement
des morceaux de compositeurs anglais et allemands.

Peu après 10 heures, nous reprîmes la « barge » et
rentrâmes sur le « King George V ». Stopford et Buxton
m'emmenèrent au carré des officiers où je fis la connaissance de quelques-uns d'entre eux. Nous y bûmes
quelques « whisky and soda » et passâmes encore de
bons moments ensemble. Sur les bâtiments anglais, les
officiers disposent presque toujours de deux grandes
pièces pour l'usage commun : le carré proprement dit,
utilisé presque uniquement comme salle à manger, et
le smoking-hall, garni de fauteuils et de sofas de cuir,
où l'on fume, lit et joue. Les meubles sont propriété
des officiers. Les deux pièces étaient sur le « King
George V » aménagées avec un goût particulier.

Pour le 24 juin, on avait établi le programme suivant :
A 10 heures, visite chez le secrétaire d'État à la Marine.
A 1 h. 30' de l'après-midi, arrivée de Sa Majesté sur le
« Hohenzollern ». Présentation des officiers généraux
anglais et des commandants sur le « Hohenzollern »
(aussitôt après le mouillage). A 7 h. 30', dîner chez le
consul d'Angleterre. Le lieutenant de vaisseau Kehrhahn,
Buxton et moi-même accompagnâmes l'amiral Warrender et le commodore Goodenough chez le secrétaire
d'Etat qui avait hissé son pavillon sur le « Friedrich-
Karl ». Le grand amiral von Tirpitz nous reçut à la

---

1. **Messjacke** — n'existe pas dans la marine française (N. d. Tr.).

coupée et nous conduisit dans son appartement. Il y
prit place à une petite table en compagnie des deux
officiers généraux anglais, tandis que nous nous
asseyions avec son aide de camp à une autre table. On
ne parla qu'anglais, langue que l'amiral possédait bien.
Warrender et Goodenough lui transmirent les com-
pliments des nombreux amis et connaissances qu'il
avait dans la marine anglaise. Tirpitz parla du développement de notre flotte. Nous bûmes le champagne.
La visite dura à peu près une demi-heure, puis nous
rentrâmes sur le « King George V », où les préparatifs
étaient poussés activement pour la réception du
« Hohenzollern ». L'équipage n'eut pendant tout son
séjour à Kiel que du service de propreté, aussi les
bâtiments étaient-ils très chics. Un coup de peinture fit
disparaître les salissures de la traversée, les ponts furent
briqués ; on marqua à la craie sur le pavoi les intervalles réguliers où l'équipage devait se ranger pour la
parade. A l'heure dite, le « Hohenzollern » passa
l'écluse de Holtenau. Ce passage rendait le canal Kaiser-Wilhelm au trafic ; c'était la fin des travaux d'agran-
dissement. Restaient encore, à vrai dire, quelques travaux de dragage pour le passage des grands bâtiments
de ligne, mais ils furent menés à toute vapeur. Le
30 juillet 1914, le « Kaiserin » fut le premier grand
bâtiment de combat qui put passer le canal — celui-ci
fût donc prêt juste au début de la guerre ; par suite,
l'amiral von Ingenohl put, à la fin de juillet 1914, à
notre retour des ports norvégiens, répartir les grands
bâtiments de combat entre leurs ports d'origine, Kiel et
Wilhelmshaven. Quand l'ordre fut donné pour la con-
centration de la flotte dans la mer du Nord, les bâtiments de Kiel passèrent pour la première fois par le
canal, non sans avoir toutefois vidé au préalable leurs
soutes à charbon. Le fait que la guerre éclata à peu près
le jour de l'achèvement du canal réalisa une prédiction que j'avais faite en 1911. Convaincu, comme je
l'étais, que les armements insensés de toutes les grandes

nations devaient nécessairement mener à la guerre, puisque toutes les flottes du passé avaient été elles aussi engagées au combat, je prophétisai en 1911, à Hambourg, devant quelques négociants, que nous aurions la guerre dès que nous aurions terminé une flotte de haute mer composée de deux escadres de grands vaisseaux de ligne, de croiseurs de bataille, petits croiseurs et torpilleurs, ainsi que du grand nombre de sous-marins qui convenait, et dès que nos fortifications côtières, surtout celles d'Heligoland, et le canal « Kaiser-Wilhelm » se trouveraient prêts. Le 1er août 1914, l'achèvement du canal remplissait toutes ces conditions, la danse pouvait, selon la prophétie, commencer — et elle commença. Un des négociants de Hambourg m'a plus tard rappelé l'exactitude étonnante de ma prédiction. J'aurais plutôt d'ailleurs cru à ce moment que les conditions préliminaires à la lutte ne se trouveraient pas remplies avant le printemps de 1915.

Quand, le 24 juin, le « Hohenzollern » passa l'écluse de Holtenau, tous les bâtiments lui adressèrent le salut impérial. Plusieurs avions et un Zeppelin entouraient le « Hohenzollern »; malheureusement un avion tomba et l'officier qui le montait, le lieutenant de vaisseau Schroeter, fut blessé mortellement. Le « Hohenzollern » passa rapidement devant nous; le Kaiser nous salua de la passerelle, d'où il vit l'amiral Warrender. Sur l'arrière des navires anglais, les « marines » à veste rouge étaient alignés. Les matelots étaient rangés sur les pavois, chaque bâtiment poussa trois « hourrahs », et à chaque « hourrah » les matelots agitèrent leur bonnet. La musique des « marines » joua la marche de parade; c'était un spectacle magnifique et pour moi inoubliable.

Après le mouillage du « Hohenzollern » devait avoir immédiatement lieu la présentation des officiers anglais sur le yacht impérial; aussi nous nous jetâmes rapidement dans nos grandes tenues et étions prêts à partir quand l'amiral reparut sur le pont.

Le programme fut communiqué aux commandants, mais aucun d'eux n'était encore en vue; partout les canots à rames des commandants restaient aux coupées, aucun ne se mettait en mouvement. Contrarié, l'amiral fit hisser le signal « que tous les commandants viennent à bord du vaisseau-amiral ». Cela dura un bon moment, jusqu'à ce que le signal fût compris sur tous les bâtiments ; puis l'on vit partout les canots à rames, jolis mais si lents, se mettre en mouvement. On sut plus tard que les commandants avaient cru qu'ils ne devaient pas venir à bord avant de voir hisser un signal spécial. L'amiral fut très peu gracieux, et je dois avouer que je ne compris pas bien ce manque d'initiative de la part des commandants. Ils n'avaient pas utilisé leurs vedettes rapides parce qu'il existe un règlement qui prescrit aux commandants anglais de n'employer que leurs canots à rames pour le service. La « barge » nous emmena bientôt à toute vitesse au « Hohenzollern » où ce retard d'environ une demi-heure causait déjà quelque émotion. Le Kaiser se tenait sur le pont supérieur et y reçut le rapport. Il était plein de vie et comme de coutume d'humour, il n'y eut pas un des officiers anglais qui ne montrât un visage égayé tant que l'Empereur s'entretint avec lui. Tous exprimèrent leur satisfaction au retour. Après le lunch, l'amiral, accompagné de Buxton et de moi, se rendit à la gare pour y chercher sa femme. Lady Maud Warrender est une femme grande et belle, d'environ 40 ans, elle est le type de la grande dame anglaise. Comme je l'avais lu dans des revues anglaises, elle jouait un grand rôle dans la société londonienne ; elle était connue comme excellente chanteuse. Elle habita à bord du vapeur de la ligne Hambourg-Amerika « Viktoria-Luise », que Ballin envoyait régulièrement à Kiel pour la semaine de Kiel et sur lequel toute la société présente à Kiel se donnait rendez-vous chaque soir.

L'après-midi la princesse Henri fit avec ses fils une visite sur le « King George V ». Tous mes loisirs furent occupés à dresser une liste d'invitations à la grande fête qui devait être donnée à bord du « King George V »; l'aide de camp de l'amiral commandant la flotte de haute mer et celui du préfet maritime me prêtaient leur concours. En outre, il me fallait continuellement renseigner les officiers de quart anglais, le secrétaire de l'escadre, le second du « King George V » et maints autres. J'étais fréquemment appelé au téléphone installé à bord du vaisseau-amiral, et devais donner des renseignements aux officiers et autorités allemandes. Ce furent des journées extrêmement fatigantes, surtout si l'on songe aux bons repas continuels arrosés d'excellents vins, aux nombreux coktails et whiskys qu'il me fallait boire à tout instant du jour et de la nuit.

Le 24 juin, dans la soirée, nous nous réunîmes à l'hôtel des Bains-de-Mer, invités par le consul d'Angleterre Sartori et sa femme. A cette occasion, je connus plus intimement le commodore Goodenough et les commandants de bâtiments. Goodenough, chef des petits croiseurs me fit une impression toute particulière, impression qui fut pendant la guerre confirmée par sa remarquable conduite. Son rôle à la bataille du Skagerrak a été mis en lumière par l'amiral Jellicoe. C'est lui qui, comme chef des forces légères d'éclairage, a pris le contact de notre gros, et qui a, paraît-il, tenu exactement Jellicoe au courant de nos mouvements. Ce soir-là il se révéla comme un compagnon plein d'humour. J'appréciai en outre l'esprit du captain Dampier, commandant de l' « Audacious ». Il m'apprit entre autres l'amusante chanson à boire suivante :

> I drink to myself and another,
> And may that one other be she (he),
> Who drinks to herself (himself) and another,
> And may that one other be me !

La plupart des commandants me donnèrent l'impression de surmenage. Ceci peut venir de ce que les officiers embarqués sur la première flotte mènent une tout autre vie que nous autres à bord des bâtiments de notre

flotte de haute mer. Les commandements à bord de
la première flotte durent en général deux ans. Pendant
ce temps, les bâtiments sont presque continuellement
en route, ou mouillent dans des ports qui varient constamment. Ces officiers ne peuvent séjourner à terre
que dans des cas très rares. Au contraire, nos bâtiments revenaient après leurs exercices à ce que nous
appelions leur port principal de mouillage et, comme
officiers, nous habitions à terre, auprès de nos familles ;
il ne restait à bord, comme officiers de garde qu'un officier assez ancien et deux plus jeunes. Ceci nous donnait l'occasion de nous refaire de la vie fatigante du
bord. La conséquence de l'instabilité de vie des officiers
de marine anglais, pour qui, par ailleurs, les commandements lointains de deux ou trois ans sont encore
bien plus fréquents que chez nous, est que les officiers
mariés n'ont le plus souvent pas de home ; ils font venir leurs familles à l'endroit où il leur arrive de séjourner quelque temps avec leurs bateaux. Leurs familles
vivent alors dans les pensions de famille si nombreuses
en Angleterre, ou bien quelque part au centre de l'Angleterre, où les officiers vont les visiter de temps à
autre. C'est pour tenir compte de cette vie continuelle
à bord que les appartements sont bien plus spacieux et
logeables que chez nous. Le plus souvent les chambres
possèdent une cheminée, car il n'y a à bord des bâtiments anglais aucun chauffage à la vapeur. Dans aucune chambre ne manque le grand fauteuil de club en
cuir. Du reste, les meubles des chambres sont établis
exactement d'après le même modèle qu'ils l'étaient déjà
à bord du temps de Nelson. Après un commandement
à bord de la première flotte, au bout de deux ans, tout
l'équipage du bâtiment est dissous — seules quelques
personnalités particulièrement importantes restent à
bord — tout l'équipage reste à terre pendant six mois
et reçoit pendant ce temps d'abondantes permissions.

Le 25 juin commencèrent les régates de yachts ; les
régates d'embarcation les avaient précédées le 23. On

vit se dérouler sur la rade le spectacle sportif habituel
qui réjouit tant le cœur des marins. Mais le départ avait
lieu trop loin du « King George V » pour que nous
en puissions du bord suivre tous les détails. Un grand
nombre de yachts s'étaient inscrits, parmi lesquels beaucoup d'étrangers. Le « King George V » s'était amarré
tout près du pont de Bellevue ; plus au Sud, derrière
lui, étaient mouillés le bâtiment-amiral « Friedrich der
Grosse » et le « Hohenzollern », au Nord, les bâtiments
anglais, et à l'Est la « Viktoria-Luise » solidement amar-
rée entre deux bouées. A 9 heures du matin on vit
partir les 8 mètres et les 5 mètres, à 10 heures les
19 mètres et les 12 mètres, à 11 heures les 15 mètres,
et à midi la classe exceptionnelle. Aussi la rade fut-elle
pendant presque toute la journée couverte de voiles.
Un programme très chargé avait été prévu pour le
25 juin : à midi déjeuner chez le chef de la flotte. L'après-
midi, trois fêtes simultanées : fête sportive de la ville
de Kiel, fête à bord du « Preussen » de la 2e escadre,
et fête champêtre chez le maire, le docteur Ahlmann.
Et enfin pour le soir : invitation à la table impériale à
bord du « Hohenzollern ».

De bon matin une lettre du chef de cabinet, l'amiral
von Müller, annonça pour midi la visite du Kaiser sur
le « King George V ». A l'heure dite, tout l'équipage
du bâtiment se tenait sur le pont supérieur, en ordre
de parade. Le Kaiser arriva à bord en uniforme de grand
amiral anglais ; très frais et dispos, il paraissait de la
meilleure humeur. Il était accompagné par l'amiral von
Müller et son aide de camp, le capitaine de corvette
von Palesque. A l'arrière du bâtiment se tenaient tous
les commandants anglais et les officiers du « King
George V » ; le lieutenant de vaisseau Kehrhahn et
moi-même étions à la gauche. Le Kaiser se fit présenter tous les officiers par l'amiral Warrender. Quand
l'amiral voulut me présenter également, l'Empereur
dit : « I know my officers » et il nous tendit la main,
en ajoutant : « Pouvez-vous vous entendre un peu avec

ces gens-là ? » Le Kaiser ne passa point, comme il est
d'usage pendant de telles visites, sur le front de l'équipage rassemblé, il se rendit immédiatement avec l'amiral Warrender dans ses appartements où il s'entretint
avec lui plus d'une demi-heure. Avant de quitter le bord,
il inscrivit sa signature sur le livre d'or du « King
George V » où figuraient déjà les noms de nombreuses
hautes personnalités. Il s'entretint encore quelques instants avec le jeune lord Erskine, qui, pour célébrer
cette fête, avait revêtu son grand uniforme de highlan-
der ; puis il prit très cordialement congé de l'amiral
Warrender et des commandants anglais.

Le déjeuner chez le chef de la flotte, amiral von Ingenohl, se déroula très gentiment. Il fut servi dans les
appartements de l'amiral, à des petites tables décorées
de fleurs avec un goût charmant. Un petit orchestre à
cordes excellent ne joua que de la musique de compositeurs allemands. J'étais à la table de notre premier
aide de camp, et comme de coutume avec Stopford et
Buxton. Ingenohl et Warrender firent de très bons discours sur les flottes anglaise et allemande. Warrender
parla même deux fois, et consacra son second toast à
la bonne camaraderie qui avait toujours régné entre
nos deux marines. Il cita tous les amis de la marine
allemande qu'il avait rencontrés au cours de sa carrière, et mentionna particulièrement son amitié avec le
contre-amiral Sarnow.

L'après-midi, nous eûmes à résoudre le problème
difficile d'apparaître aux trois fêtes simultanées. Des
automobiles rapides et d'excellentes « barges » nous faci-
litèrent la tâche. D'abord plusieurs autos que j'avais
commandées au pont de Bellevue nous conduisirent à
la fête sportive que la ville de Kiel donnait sur le terrain municipal en l'honneur des équipages anglais.

Les dames suivaient les joutes de la tribune, tandis
que l'amiral se rendit avec nous auprès des joueurs.
Warrender avait une façon magnifique de traiter ses
gens. Il s'entretenait sur le pied de la camaraderie avec

de simples matelots, leur parlait des matches, et se faisait rendre compte par eux des résultats. Les luttes con-
sistèrent en joutes de foot-ball, en tirs, en courses à
pied, en luttes à la corde, etc... Il fut étonnant de voir
comment nos hommes furent victorieux dans presque
toutes les luttes. Nous arrivâmes juste au moment où
les équipages se mesuraient en tirant sur la corde.
Quatre fois de suite le même spectacle se renouvela :
un élan irrésistible et rapide emporta nos matelots qui
entraînèrent à leur suite les équipages anglais. Ceux-ci
ne purent même pas remporter une seule victoire partielle. Il en fut de même des autres jeux et les forces
ne s'équilibrèrent qu'au foot-ball. La victoire des marins allemands ne m'étonna pas particulièrement ; la
plupart des Anglais étaient petits ; il y avait dans le
nombre un grand nombre de très jeunes — le « King
George V », à lui seul, a 70 matelots de moins de
17 ans, et une proportion démesurée de vieux. Les types
bien développés des Germains se remarquaient bien
plus rarement que chez nos hommes. Je trouvai même
qu'un grand nombre avait une forte apparence juive ;
ceci m'étonna, car je savais que les juifs ont une répul-
sion profonde pour le métier de marin. Cela tenait peut-
être au fort apport de Romands que l'on pouvait remarquer chez les Anglais.

Du terrain sportif, les autos nous emmenèrent à la
magnifique propriété du docteur Ahlmann. Malheureusement la pluie commença justement à tomber, et la fête
ne put avoir lieu dans le parc situé contre le bois de
Dusternbrook, mais dans les splendides appartements
de la villa. On but le thé, on dansa, on flirta. Nous ne
restâmes pas longtemps, et nous nous rendîmes en autos et en « barges » au « Preussen ». Le préfet maritime
m'avait donné carte blanche pour l'emploi des autos ;
ce n'est d'ailleurs qu'à cette condition que nous pûmes
satisfaire à toutes les obligations qui s'imposaient à
l'amiral. Sur le « Preussen » étaient présents le prince
et la princesse Henri ; pour le reste, nous eûmes le spec-

tacle habituel d'une fête à bord. Les ponts étaient joliment décorés, on dansa avec entrain. Le chef de la
flotte avait pour la réception des hôtes anglais assigné
à chaque bâtiment anglais deux bâtiments allemands.
Ceux-ci avaient l'ordre d'inviter les officiers anglais à
des repas et à des fêtes à bord. Aussi vit-on pendant
toutes les fêtes à bord de la semaine de Kiel de nombreux officiers anglais comme sur le « Preussen ». Je
fus continuellement occupé à faire connaître à l'amiral
la société de Kiel. Je connaissais tant de gens que je
lui présentais, qu'il me demandait tout étonné : « Con-
naissez-vous donc tout le monde ? »

A 8 heures du soir nous fûmes invités au dîner du
« Hohenzollern ». C'est le dernier repas de gala qui a
été donné sur le magnifique yacht impérial. C'est ce
jour-là, pour la dernière fois, que le « Hohenzollern »
s'est révélé dans tout l'éclat de sa luxueuse installation.
Nous nous réunîmes sur le pont-promenade, le Kaiser
nous salua. Il portait comme ses hôtes le simple uniforme
de carré. La table était dressée dans la grande salle et
ornée d'admirables orchidées. Allemands et Anglais y
siégeaient confondus. Je donne ci-après l'ordre de la
table de ce dernier grand dîner impérial à bord du
« Hohenzollern ».

Il n'y eut point de discours. Les conversations étaient
animées comme d'usage sur le yacht impérial, où régnait
le moins de formalisme possible. J'eus le plaisir d'être
à côté de l'excellent commandant du « Hohenzollern »,
le capitaine de vaisseau von Karpf, estimé de toute la
marine et de toute la famille impériale, et connu pour
son humour savoureux. Nous fîmes honneur au succu-
lent repas et aux vins des plus rares. Le commandant
von Karpf assura que le vin du Rhin était du meilleur
crû de la cave impériale de Berlin. Je remarquai que
l'Empereur avait du mal à s'entendre avec l'amiral
Warrender. Malheureusement celui-ci avait son oreille
sourde du côté du Kaiser, et ce dernier s'entretint
presque exclusivement avec l'ambassadeur d'Angle-

terre. Après le repas, café et cigares furent servis sur le pont-promenade où l'on bavarda familièrement. Le Kaiser s'entretint avec presque chacun de ses hôtes. On remarquait quelle peine il se donnait pour ne leur témoigner que l'hospitalité la plus charmante. J'eus un entretien très intéressant avec les commandants anglais Dampier et sir Arthur Henniker-Hughan sur la situation politique et l'avenir de l'Allemagne dans le monde. Tous deux furent d'avis que l'Angleterre ne voulait point barrer le chemin à l'Allemagne. Si, malgré tout, on en venait à la guerre, ce serait à l'Allemagne à la déclarer, mais non pas à l'Angleterre. Nous rentrâmes assez tard sur le « King George V », où nous passâmes encore un bon moment dans le smoking-room ou carré des officiers. Je me liai en ces occasions avec l'officier-canonnier du « King George V », le commander Brownrigg. Il me donna beaucoup de détails intéressants sur l'artillerie, me montra dans sa chambre des tableaux de tir, les résultats de tirs d'épreuve, et les diplômes de prix de tir qu'il avait remportés. Nous communiâmes dans le même amour pour le tir au canon. La marine anglaise avait su faire de la carrière de l'officier-canonnier la plus considérée et la plus désirable pour tous les officiers. Dans la marine allemande au contraire ce n'était point l'artillerie, l'arme principale, mais une arme secondaire, la torpille, qui était devenue l'objet de l'ambition de tous les officiers de valeur. J'ai toujours regretté cette situation et l'ai tenue pour une très grave faute. Cette préférence donnée à la torpille avait sa raison d'être quand notre marine était encore si faible qu'elle ne pouvait envisager *a priori* un combat pour la maîtrise de la mer, combat que seul peut livrer l'artillerie de puissants bâtiments. Churchill a dit pendant la guerre — après la bataille du Jutland — avec beaucoup de raison : « La première puissance navale se repose sur le canon ; la seconde doit mettre ses espoirs dans la torpille. » Comme nous avons pendant la guerre mis effectivement notre espérance presque

TABLE IMPÉRIALE

Un officier du « Hohenzollern ».

Le Dr Wezel.

L^t de V^{eau} v. Hase.

Cap. de corv. v. Müller.

Cap. de V^{eau} v. Karpf.

Cap. de V^{eau} v. Begas.

Contre-Amiral Hebbinghaus.

Cap. de corv. B. Buxton.

Contre-A^l Eckermann.

Vice-A^l Scheer.

v. Eisen Decker.

Cap. de V^{eau} A. Duff.

Cap. de corv. E.-A. Rushton

Amiral v. Ingenohl.

Baron v. Reischach.

Cap. de V^{eau} M. Culme-Seymour.

Cap. de V^{eau} Charles B. Miller.

Colonel-G^l v. Plessen.

Amiral v. Muller.

Vice-A^l sir George Warrender.

Cap. de V^{eau} Cecil F. Dampier.

Sa Majesté l'Empereur.

Le Prince Henri de Prusse.

L'Ambassadeur Sir Edward Göschen.

Cap. de V^{eau} sir A.-J. Henniker Hughan.

Grand-Amiral von Tirpitz.

Amiral von Coerper.

Cap. de V^{eau} E.-W. Goodenough.

Cap. de V^{eau} G.-H. Baird.

Amiral von Pohl.

Vice-A^l Koch.

Cap. de V^{eau} V. Henderson.

Payeur-général Graham-Hewlett.

Comte v. Wedel.

Contre-A^l Funke.

Cap. de corv. D. Stopford.

Conseiller-intime v. Valentini.

Contre-A^l Mauwe.

Cap. de V^{eau} Hopmann.

Lieut. Cl. v. Estorff.

Cap. de corv. v. Paleske.

L^t de V^{eau} Kehrhahn.

L^t de V^{eau} v. Tyszka.

Un officier du « Hohenzollern ».

uniquement dans la torpille, nous avons jusqu'à un
certain point renoncé aux méthodes de combat d'une
puissance navale de premier ordre. Ce n'est qu'à la
bataille du Jutland, par conséquent presque deux
ans après la déclaration de guerre, que le chef de la
flotte, l'amiral Scheer a osé livrer une bataille d'artillerie en pleine mer : ses prédécesseurs, les amiraux
von Ingenohl et von Pohl n'avaient exploité aucune des
occasions qui s'offraient à eux pour la bataille de haute
mer. Le commander Brownrigg me raconta les exercices de tir qu'il avait exécutés avec succès à 150 hectomètres de distance. Cette distance me parut démesurée : or, en fait, pendant la guerre on n'a guère
combattu qu'à des distances plus grandes encore !

L'amiral Warrender était invité pour le vendredi
26 juin par le Kaiser à une croisière sur le « Meteor ».
Les grands yachts partirent à 10 h. 15′ pour la course.
Comme je n'avais pas à l'accompagner, je pus me
consacrer aux préparatifs de la grande fête à bord, qui
devait avoir lieu l'après-midi sur le « King George V ».
De plus, le yacht-club impérial organisait l'après-midi
des régates à voiles pour les canots des vaisseaux de
guerre anglais. Le soir, le corps des officiers de la station de la Baltique avait organisé un bal à l'Académie
de marine.

L'amiral Warrender ne rentra que dans l'après-
midi de sa course à la voile. Nous avions eu cependant
un lunch fort gai présidé par sir Edward Göschen,
auquel quelques jeunes dames avaient été invitées.
L'amiral était ravi des régates où le contre-amiral
Begas avait piloté et conduit le « Meteor » à la victoire.

La fête du « King George V », « at home » comme
disent les Anglais de leurs fêtes à bord, fut une fête de
premier ordre. Tout Kiel était là, et toutes les invitations m'étaient passées par les mains ; bien entendu
quelques-uns protestèrent de n'avoir pas été conviés.
Lady Warrender fit très habilement les honneurs,
secondée par quelques dames allemandes, entre autres

par son amie Mme von Meister, femme du président du
gouvernement de Wiesbaden. Les ponts gigantesques
du « King George V » avec leur grande surface eurent
auprès des danseuses allemandes le plus grand succès.
Borchert de Berlin avait fourni les excellents buffets,
dont la somptuosité fut justement appréciée. Je fis la
connaissance du vieux lord Brassey, de passage à Kiel
sur son yacht « Sunbean », sur lequel il m'invita. Il a
fait le tour du monde à la voile sur ce yacht, et écrit à
ce sujet un livre connu. Je fis également la connaissance
de ses filles, lady Helen et lady Marck. Le yacht est
assez vieux, très confortable et grand. Il arriva au lord,
le lendemain, une curieuse histoire : il avait pénètré
avec un petit canot de son yacht dans le port aux sous-
marins de l'arsenal impérial interdit à tous les civils ;
il y fut arrêté par un garde et enfermé pendant plusieurs heures. Ce n'est qu'après avoir été reconnu par
un officier allemand de ses amis qu'il fut libéré sur
l'ordre du directeur de l'arsenal. On fut à Kiel en général indigné de ce grand manque de tact du lord, et
le Kaiser s'exprima assez durement sur son compte.

Les Anglais avaient le vif désir de connaître les bâtiments et embarcations modernes de notre flotte ; je pus
m'en rendre compte dès le lendemain de leur arrivée à
Kiel.

L'amiral Warrender m'envoya, ce jour-là même,
trouver le chef de notre flotte, l'amiral von Ingenohl ;
j'avais pour mission de lui annoncer que l'amiral Warrender offrait aux officiers de marine allemands de visiter les bâtiments anglais. Les officiers allemands —
l'amiral Warrender insistait particulièrement sur ce
point — pourraient voir tout ce qu'ils pourraient dé-
sirer dans l'intérêt de leur spécialité. L'amiral von Ingenohl déclina complètement cette invitation et me
chargea de rendre compte à l'amiral Warrender qu'il
regrettait de ne pouvoir répondre à cette offre si aimable ; il lui serait en effet impossible de rendre la
pareille, car les règlements allemands interdisaient de

montrer à quiconque maintes parties de nos bâtiments.
Je m'acquittai de ma mission auprès de l'amiral Warrender ; le lendemain il me renvoya trouver l'amiral
von Ingenohl et lui fit dire que naturellement les mêmes
règlements existaient dans la marine anglaise, et qu'il
ne pourrait par exemple pas montrer les postes de
commandement, les chambres de torpilles et les installations de T. S. F. Il mettait tout le reste à la disposition des officiers allemands, mais ne s'attendait nullement à voir montrer à ses officiers quoi que ce soit en
contradiction avec nos règlements. L'amiral von Ingenohl ne lui répondit que le 26 juin, par une lettre qu'il
m'adressa. Il me priait de remercier l'amiral Warrender « pour sa complaisance à montrer ses bâtiments
aux officiers allemands » et lui offrait également de
laisser visiter ses navires par les officiers anglais. En
même temps l'amiral von Ingenohl informa ses commandants que les officiers anglais étaient autorisés à
visiter les navires allemands, mais qu'il faudrait leur
appliquer les règles prévues pour les visites d'étrangers. Or ces règles portaient que nos bâtiments les plus
modernes, ceux de la 3e escadre, les croiseurs de
bataille, les destroyers les plus récents et en général
tous les sous-marins devaient être interdits aux étrangers. Il ne restait donc aux Anglais que les bâtiments
de la classe « Deutschland » — où il n'y avait vraiment
pas grand secret à surprendre. Quant aux Anglais dont
les navires étaient les plus modernes de toute la marine
anglaise, ils les apprêtèrent en vue de leur visite par
les Allemands : tous les appareils importants, en particulier tous les appareils de direction de feu et les
installations de visée avaient été enlevés ou cachés par
des revêtements de bois. Pour moi, du reste, on me
montra très exactement, sans que je l'aie même de-
mandé, et à plusieurs reprises, les installations du
« King George V ». Le commander Brownrigg me conduisit dans les moindres recoins de ses tourelles et de
ses soutes à munitions. Seul, le célèbre « firing direc-

tor » de Percy Scott resta enveloppé dans les voiles du
mystère. C'était un appareil qui permettait de pointer
et de déclencher le tir de toutes les pièces du poste de
commandement ou de la hune avant ; il avait été inventé
par l'amiral anglais Percy Scott. Bien entendu les officiers anglais qui me guidaient me questionnèrent sur
les appareils qui pouvaient correspondre aux leurs ;
mais ils tombèrent mal avec moi.

Le bal offert par les officiers de la station de la Baltique à nos hôtes anglais dans les magnifiques salles
de l'Académie de marine le 26 juin fut une fête bril-
lante. Il y eut pour la valse des fleurs une prodigalité
de fleurs comme j'en ai rarement vu. Ce fut vraiment
la fête des fleurs. On dansa jusqu'au matin.

Le samedi 27, nous étions invités à déjeuner par la
ville de Kiel, et l'après-midi à une « garden-party » chez
le chef de la station de la Baltique. Pour le soir les
Warrender nous avaient invités à dîner à bord.

A 1 heure de l'après-midi, nous nous trouvions dans
les magnifiques salles du nouvel hôtel de ville de Kiel à
un déjeuner offert par la ville en l'honneur des officiers
anglais. Le premier bourgmestre Lindemann porta un
toast aux Anglais, puis Warrender fit un discours sur
la ville de Kiel et sur tout ce qui l'y avait frappé. Il
dépeignit l'arrivée des officiers allemands au-devant de
l'escadre, dans leurs vedettes à moteurs et leur réception en pleine mer à bord des bâtiments anglais. Il
voulut bien faire allusion à moi-même et à mon activité. Le grand-amiral von Koester, citoyen d'honneur de
la ville de Kiel, parla de la marine anglaise ; Warrender
répondit fort brillamment. Les nombreux discours et
interruptions du repas le firent durer si longtemps que
nous eûmes à peine le temps de nous précipiter à bord
en autos et en « barges », pour changer de tenue pour
la « garden-party ».

La « garden-party » traditionnelle chez le préfet maritime, où l'Empereur est attendu chaque fois et où il ne
vient presque jamais, fut favorisée par un temps splen-

dide. Il n'y avait de princes que le prince Henri avec
sa famille et la princesse Marie von Holstein-Glücksburg.
Le prince Albert manqua cette année pour la première
fois à la semaine de Kiel. De même l'impératrice, le
kronprinz et les autres princes prussiens n'étaient
cette fois pas venus à Kiel contre leur habitude. On
m'assura de bonne source que c'était à cause de la visite des Anglais. Je trouvai cette réserve fort justifiée
à l'égard d'une nation dont le gouvernement avait si
souvent rudoyé le nôtre. La froideur de toutes les hautes
personnalités allemandes ne manqua point de faire
impression sur les Anglais. La « garden-party » chez
le préfet maritime offrait cette année un spectacle particulièrement brillant. Dans les différents groupes les
conversations s'animaient autour d'une tasse de thé, la
jeunesse dansait dans la salle d'honneur. De plus des
messieurs et des dames de la haute société de Kiel dan-
sèrent dans le jardin sur la pelouse un « lanciers »
qu'on avait répété auparavant et où je figurais.

On avait disposé derrière la maison un grand tapis
rouge sur la pelouse et quelques meubles de jardin
pour les plus hautes notabilités.

Pendant la fête, l'amiral Warrender et sa femme
reçurent une invitation à dîner sur le « Hohenzollern ».
Les hôtes conviés à la « dinner-party » sur le « King
Georges V » se rembarquèrent, sauf quelques jeunes
dames avec qui nous soupâmes très joyeusement. Sir
Edward Goschen présidait de nouveau et s'entretenait
très gaîment avec les dames allemandes qui le secon-
daient en son rôle de maître de maison. Après le dîner
sur le « King George V », nous dansâmes un peu sur
le pont, puis nous nous fîmes conduire à bord du
« Viktoria-Luise » de la ligne « Hamburg-Amerika »,
où nous continuâmes à danser. C'est là qu'apparaissait
mieux que tout autre part le caractère international de
la semaine de Kiel. On y parlait toutes les langues.
Comme l'espace manquait pour danser, par suite de la
bousculade, Stopford, Buxton et moi réunîmes quelques

gens de notre goût, et nous rentrâmes sur le « King
George V » pour y danser encore. Nous avions entre
autres avec nous les deux jeunes petites filles du prince
de Bismarck. Les derniers hôtes quittèrent le bord
assez tard. C'est ainsi que le dernier jour qui précéda
la fatale journée de Sarajevo se passa pour nous dans
la compagnie la plus gaie de nos hôtes anglais. Un
programme copieux avait été prévu pour le dimanche
28 juin. L'amiral et lady Warrender étaient invités à
déjeuner par le grand-amiral von Tirpitz. Une grande
réception devait avoir lieu l'après-midi au château
royal et, le soir, un dîner chez le préfet maritime, suivi
de bal.

Je n'étais pas invité chez le grand-amiral von Tirpitz, et déjeunai chez moi en toute tranquillité. Quand
j'arrivai sur le « King George V », je fus appelé au téléphone où l'on me communiqua l'ordre de l'empereur :
« Pavillon et marques en berne, pavillon autrichien
hissé au grand mât à l'occasion du meurtre du prince
héritier autrichien. » L'amiral Warrender et sir Göschen revenaient à ce moment du « Friedrich Karl ».
Tous deux étaient très graves, et l'ambassadeur très
ému. Je lui rendis compte du message téléphoné que
j'avais reçu. Je restai encore un moment avec eux sur
le pont. Sir Edward Göschen avait les larmes aux yeux,
si bien que je lui demandai s'il attachait une importance très particulière à cet assassinat. Il me répondit
seulement qu'il avait approché de très près le prince
héritier, et l'avait aimé comme un ami. Göschen dit
ensuite à Warrender qu'il leur fallait rédiger un télé-
gramme à sir Edward Grey. Je me retirai sur ces entrefaites. Quand Warrender revint sur le pont, il était
encore plus grave. Il s'étendit devant moi sur les conséquences que pouvait avoir l'attentat. Sa conviction
absolue était, comme il me le dit sans ambages, que la
guerre s'ensuivrait entre la Serbie et l'Autriche, que
la Russie serait entraînée et que dans ce cas l'Allemagne et la France ne pourraient s'abstenir. Il ne parla

pas de l'Angleterre, mais il finit par dire que cet
attentat pourrait bien déchaîner la guerre universelle.
J'ai consigné cette conversation dans le rapport officiel
que j'ai adressé le 4 juillet 1914. Pendant notre conversation sur le pont, le prince Henri arriva à bord pour
apporter la nouvelle de l'attentat et s'entretenir à ce
sujet avec sir Edward Göschen et l'amiral. Il fournit
déjà quelques détails sur le meurtre.

L'aspect de la semaine de Kiel changea totalement
en un clin d'œil. La réception au château, le bal chez
le préfet maritime furent décommandés. La « Viktoria
Luise » reçut ordre de Hambourg d'y rentrer le lendemain. Les régates continuèrent, mais les danses
s'arrêtèrent. C'était le début de cette atmosphère
d'orage qui a rempli le monde jusqu'à la déclaration de
guerre. On apprit dans l'après-midi que le Kaiser partirait le lendemain. Le lundi 29 juin nous nous rendîmes dès le matin avec la « barge » à la gare ; Warrender et Goodenough étaient accompagnés de leurs
états-majors, de Kehrhahn et moi-même. Les amiraux
et généraux commandés de service étaient réunis sur
le quai. Peu avant l'arrivée de l'Empereur arriva Sa
Majesté l'impératrice, venue en toute hâte de Grunholz
en automobile pour accompagner le Kaiser à Vienne.
Elle était toute en noir et paraissait avoir pleuré. Le
canot de l'Empereur accosta ; il en descendit avec sa
suite. Il parut d'une gravité mortelle. Il reçut divers
rapports et prit congé de Warrender et de Goodenough.
Il s'entretint plusieurs minutes avec eux. Puis il parla
longuement à sir Edward Göschen, puis à M. Armours,
l'Américain, au prince Münster, à l'amiral von Ingenohl
et à d'autres. Nous le suivîmes tous jusqu'au train et
le saluâmes au départ. Il régnait un silence plein de
gravité et il en était de même dans le public nombreux
rassemblé malgré l'heure matinale.

L'après-midi, l'amiral assista à l'enterrement solennel
du lieutenant de vaisseau Schroeter, qui s'était tué
en tombant d'avion. A midi eut lieu un déjeuner offi-

ciel à bord du « King George V » où étaient surtout invités les amiraux allemands avec leurs femmes. Le manque de place n'avait permis qu'un nombre restreint d'invitations. Parmi les hôtes on remarquait le grand-amiral von Tirpitz, les amiraux von Ingenohl, von Coerper, et von Pohl. Le déjeuner fut très simple et ne se distinguait du lunch habituel que par quelques bons vins. Après le repas l'amiral Warrender crut devoir offrir aux amiraux allemands de leur montrer le « King George V ». L'amiral von Ingenohl — chose étrange — accepta, tandis que le grand-amiral von Tirpitz et les autres refusèrent. L'amiral von Warrender conduisit l'amiral von Ingenohl et ses officiers auxquels je me joignis dans une tourelle de 34^{cm},5 ; le commander Goldie nous y fit manœuvrer toute l'installation.

L'après-midi, j'accompagnai seul l'amiral en auto jusqu'au cercle de l'Arsenal où une fête était offerte aux équipages par les Anglais pour les remercier de leurs invitations. A son entrée dans la salle, l'amiral Warrender fut accueilli par un tonnerre de trépignements, hommage spontané qui fit sur moi une impression profonde. Warrender grimpa aussitôt avec une élasticité de jeune homme sur une table et fit un discours enthousiaste sur l'amitié des deux peuples, qu'il termina par un triple bourrah à la marine allemande. Le contre-amiral Mauwe lui répondit, lui aussi grimpé sur la table. A la fin de son discours et après les trois hourrahs à la marine anglaise, Warrender lui tendit la main et, dans une pose un peu théâtrale, se montra la main dans la main de l'amiral allemand aux équipages allemands et anglais. Des trépignements sauvages leur répondirent, sans cesse renouvelés.

J'eus ces jours-là de nombreuses conversations avec Warrender où il me disait quel aspect pourrait prendre une guerre navale entre l'Angleterre et l'Allemagne. Ce qui m'intéressa particulièrement, ce fut de l'entendre dire qu'on n'avait reconnu l'importance de la baie de Scapa-Flow qu'à la suite de plusieurs articles

d'officiers de marine allemands, et qu'on s'était mis
dès ce moment à l'aménager comme point d'appui
pour ce qu'on appelait le blocus à longue portée de la
Baie allemande. Il me dit littéralement : « Scapa-Flow
est une invention allemande. » Les officiers de son
état-major et lui-même raillèrent à maintes reprises la
fameuse « lettre sous-marine » de l'amiral Percy Scott
où celui-ci avait déclaré que les sous-marins constituaient la fin de la maitrise des mers de l'Angleterre.
Cependant, l'amiral Warrender estimait également que
les sous-marins transformeraient complètement les conditions stratégiques de l'avenir et que, désormais, il n'y
aurait de possible, à cause d'eux, que le blocus à longue
distance — dans les eaux norvégiennes.

Dans la soirée du 29 juin eut lieu le repas de gala
au Yacht-Club impérial. Il fut précédé de la distribution des récompenses, effectuée en l'absence de l'Empereur par le prince Henri. Un grand nombre de pro-
priétaires de yachts et d'officiers de marine s'étaient
réunis au Yacht-Club. Je n'oublierai jamais le regard
scrutateur avec lequel Warrender sondait chacun des
jeunes officiers appelés, pour se former sur eux son
impression. Il s'intéressait spécialement aux jeunes
officiers de sous-marins, que ses officiers et lui s'efforcèrent constamment de connaitre en grand nombre.

Au cours du repas au Club, on remarquait une foule
de gens intéressants, le Feldmarschall von der Goltz,
Krupp, von Bohlen et Halbach, les attachés navals
étrangers, etc... Ce fut la dernière nuit que je passai à
bord du « King George V ».

Le départ de l'escadre anglaise avait été fixé au mardi
30 juin. Je regrettai de voir se terminer pour moi cette
période si intéressante ; je donnai, sur leur prière, à
Stopford et à Buxton qui m'avaient témoigné une amabilité si amicale mon portrait ; ils répliquèrent par le
leur. Je leur fis en outre cadeau d'une petite caisse
remplie de bons vins du Rhin. Ils me firent hommage
d'un très bel encrier d'argent qui me fut envoyé le

3o juillet 1914 d'Angleterre, et transmis à la fin août
1914 par l'intermédiaire de l'Amirauté allemande.

L'amiral Warrender me donna à son départ une
splendide épingle de cravate, un gros rubis orné de
diamants. Je ne l'ai conservée que peu de temps et, en
août 1914, j'en fis cadeau à la Croix-Rouge allemande.
Il m'offrit en outre son portrait.

Je restai à bord jusqu'à ce que les amarres fussent
détachées, puis je pris congé ; ils furent tous très cor-
diaux. Je me séparai d'eux avec reconnaissance. Je
n'oublierai jamais l'hospitalité paternelle et bienveil-
lante de l'amiral anglais, malgré tout le mal que le
peuple anglais a fait depuis à notre peuple et qui ne
permet pas actuellement à tout homme d'honneur, allemand et raisonnable, d'entretenir avec un Anglais des
rapports d'amitié. En nous sommant de livrer notre
empereur, les Anglais ont creusé entre eux et nous
un infranchissable fossé.

Je pris place dans mon embarcation et vis les navires
s'éloigner à grande vitesse. Sur les bâtiments allemands flottait le signal : « Bon voyage. »

En sortant du port, Warrender lança comme signal
d'adieu de son escadre à la flotte allemande, par
T. S. F. :

« Friends in past and friends for ever ! »
(Amis dans le passé et amis pour toujours !)

TABLE DES HORS TEXTE

TABLE DES MATIÈRES

CHARTRES. — IMPRIMERIE DUP'

PAYOT & CIE, 106, Boulevard Saint-Germain, PARIS-

DANS LA MÊME COLLECTION :

Documents du G. Q. G. allemand

sur le rôle qu'il a joué de 1916 à 1918

Publiés par ERICH LUDENDORFF
Premier Quartier-Maître Général des Armées allemandes

I

*Préface et traduction du chef de bataillon d'Infanterie breveté MABILL
de l'Etat-major de l'Armée*

In-8 45

Amiral vicomte JELLICOE de SCAPA

La Grande Flotte (1914-1916)

Sa création, son développement et son œuvre

Traduit par René LEVAIQUE, lieutenant de vaisseau
et Maurice ALLAIN, commissaire-interprète de la marine

Annoté par le Service historique de l'État-Major de la Marine français

In-8 avec nombreux diagrammes et tableaux dans le texte . . . 20

Général von KUHL
Ex-chef d'Etat-Major de la 1e armée allemande

Le Grand Etat-Major allemand

avant et pendant la guerre mondiale

Analyse et traduction par le Général DOUCHY
Ex-chef d'Etat-Major de la 8e armée

In-8 avec 4 cartes 6

Vice-Amiral RONARC'H

Souvenirs de la Guerre

(Août 1914-Septembre 1915)

D
5£2
J&H3

Hase, Geor_ Oskar I::_anuel
von
      La bataille du Jutland

PLEASE DO NOT REMOVE
CARDS OR SLIPS FROM THIS POCKET

UNIVERSITY OF TORONTO LIBRARY

CPSIA information can be obtained
at www.ICGtesting.com
Printed in the USA
BVHW05s1244300418
514822BV00031B/1527/P